THE MAGIC FLUTE

THE MAGIC FLUTE

(DIE ZAUBERFLÖTE)

IN FULL SCORE

Wolfgang Amadeus Mozart

DOVER PUBLICATIONS, INC.
NEW YORK

Published in Canada by General Publishing Company, Ltd., 30 Lesmill Road, Don Mills, Toronto, Ontario.
Published in the United Kingdom by Constable and Company, Ltd.

Aus rechtlichen Gründen darf dieses Werk nicht im Gebiet der Bundesrepublik Deutschland und West-Berlin angeboten und/oder verkauft werden.
For legal reasons this title cannot be offered or sold in the Federal Republic of Germany and West Berlin.

This Dover edition, first published in 1985, is an unabridged republication of the work as published by C. F. Peters, Leipzig, n.d., as publication no. 5714. The frontmatter has been translated into English especially for this Dover edition.

Manufactured in the United States of America
Dover Publications, Inc., 31 East 2nd Street, Mineola, N.Y. 11501

Library of Congress Cataloging in Publication Data

Mozart, Wolfgang Amadeus, 1756–1791.
  [Zauberflöte]
  The magic flute = (Die Zauberflöte)

  Opera in 2 acts.
  German words.
  Libretto by Emanuel Schikaneder.
  Reprint. Originally published: Zauberflöte. Leipzig : C. F. Peters, 18–?
  1. Operas—Scores. I. Schikaneder, Emanuel, 1751–1812. lbt.
II. Title. III. Title: Zauberflöte.
M1500.M84Z2 1985   84-759399
ISBN 0-486-24783-X

THE MAGIC FLUTE

Opera in Two Acts
Libretto by Emanuel Schikaneder, music by W. A. Mozart.
Composed in 1791. Presented for the first time at the Theater auf der Wieden
in Vienna on September 30, 1791, under the direction of the composer.

—◆◆—

Dramatis Personae

Sarastro . . . . Bass
Tamino . . . . Tenor
Speaker
First ⎫
Second ⎬ Priests . . . . ⎰ Tenor / Bass / Bass
Third ⎭
Queen of the Night . . Soprano

Pamina, her daughter . Soprano
First ⎫
Second ⎬ Ladies . . . Sopranos
Third ⎭
Papageno . . . . Bass
An Old Woman
 [Papagena] . . . . . Soprano

Monostatos, a Moor . . . Tenor
Three Genies [Boys] . Sopranos
First ⎫
Second ⎬ Slaves
Third ⎭
Priests, Slaves, Attendants

—◆—

CONTENTS

DIE ZAUBERFLÖTE.

Oper in zwei Aufzügen.

Text von Emanuel Schikaneder, Musik von W. A. Mozart

Componirt im Jahre 1791. Zum ersten Male aufgeführt im Theater auf
der Wieden zu Wien am 30. September 1791, unter Direction des Componisten.

Personen.

Sarastro	Bass	Königin der Nacht	Sopran	Ein altes Weib	Sopran
Tamino	Tenor	Pamina, ihre Tochter	Sopran	Monostatos, ein Mohr	Tenor
Sprecher		Erste		Drei Genien	Soprane
Erster	Tenor	Zweite Dame	Soprane	Erster	
Zweiter Priester	Bass	Dritte		Zweiter Sclave	
Dritter	Bass	Papageno	Bass	Dritter	

Priester, Sclaven, Gefolge.

INHALT.

THE MAGIC FLUTE

DIE ZAUBERFLÖTE.

OUVERTÜRE.

Allegro.

Allegro.

Bassi.

Bassi.

Erster Aufzug.

Das Theater ist eine felsichte Gegend, hie und da mit Bäumen überwachsen; auf beiden Seiten sind gangbare Berge, nebst einem runden Tempel

Erster Auftritt.

Tamino kommt in einem prächtigen japonischen Jagdkleide von einem Felsen herunter, mit einem Bogen, aber ohne Pfeil; eine Schlange verfolgt ihn.

№1. INTRODUCTION.

TAMINO. (Er fällt in Ohnmacht; sogleich öffnet sich die Pforte des Tempels, drei verschleierte Damen kommen heraus, jede mit einem silbernen Wurfspiess.)

Die Trompeten und Pauken (7 Tackte) finden sich in keiner älteren Partitur.

mich!

Erste u. zweite Dame. (Sie stossen die Schlange zu drei Stücken entzwei.)

Stirb Un-ge-heu'r, durch uns-re Macht!   Tri - umph!   Tri - umph!   Sie
Dritte Dame.
Stirb Un-ge-heu'r, durch uns-re Macht!   Tri - umph!   Tri - umph!   Sie

ist vollbracht, die Hel - den - -that.   Er ist be - freit,   er ist be - freit   durch

ist vollbracht, die Hel - den - -that.   Er ist be - freit,   er ist be - freit   durch

ich dichwie-der-seh, bis ich dichwie-der-seh, bis ich dichwie-der-seh, bis

ich dichwie-der-seh, bis ich dichwie-der-seh, bis ich dichwie-der-seh, bis

ich dich wieder - seh, bis ich dichwie-der-seh, bis ich dichwie-der-seh, bis

ich dichwie-der-seh. (Sie gehen alle drei zur Pforte des Tempels ab, die sich selbst öffnet und schliesst)

ich dichwie-der-seh.

ich dichwie-der-seh.

Tamino (erwacht, sieht furchtsam umher).

Wo bin ich? Ist's Phantasie, dass ich noch lebe? oder hat eine höhere Macht mich gerettet? (Steht auf, sieht umher.) Wie?— Die
bösartige Schlange liegt todt zu meinen Füssen?— (Man hört

von fern ein Waldflötchen, worunter das Orchester piano accompagnirt. Tamino spricht unter dem Ritornell:) Was hör' ich? Wo bin ich?
Welch' unbekannter Ort? — Ha, eine männliche Figur nähert sich
dem Thal. (Versteckt sich hinter einen Baum.)

Zweiter Auftritt.

Papageno kommt während des Vorspiels einen Fusssteig herunter, hat auf dem Rücken eine grosse Vogelsteige, die hoch über den Kopf geht
worin verschiedene Vögel sind; auch hält er mit beiden Händen ein Faunen=Flötchen, pfeift und singt.

№ 2. ARIE.

(pfeift von ferne)

(kommt heraus)

scen- do

cre-

1. Der Vo-gel-fän-ger bin ich ja, stets lu-stig hei-sa hop-sa-sa! Ich Vo-gel-fän-ger
2. Der Vo-gel-fän-ger bin ich ja, stets lu-stig hei-sa hop-sa-sa! Ich Vo-gel-fän-ger
3. Wenn al-le Mädchen wä-ren mein, so tausch-te ich brav Zu-cker ein; die, wel-che mir am

bin be-kannt bei Alt und Jung im gan-zen Land.
bin be-kannt bei Alt und Jung im gan-zen Land.
lieb-sten wär', der gäb' ich gleich den Zu-cker her.

Weiss mit dem Lo-cken
Ein Netz für Mädchen
Und küss-te sie mich

um - zu-gehn und mich auf's Pfei - fen zu ver-stehn. (pfeift)
möch-te ich, ich fing' sie du-tzend-weis' für mich!
zärt-lich dann, wär' sie mein Weib und ich ihr Mann.

D'rum kann ich froh und
Dann sperr - te ich sie
Sie schlief' an mei - ner

lu - stig sein, denn al - le Vö - gel sind ja mein. (pfeift)
bei mir ein, und al - le Mädchen wä - ren mein.
Sei - te ein, ich wieg-te wie ein Kind sie ein. (Pfeift, will nach der Arie nach der Pforte gehen)

Fine. 𝄋

Dal Segno.

Fine. 𝄋

Fine. 𝄋

Tamino (nimmt ihn bei der Hand).

He da!

Papageno.

Was da!

Tamino.

Sag' mir, du lustiger Freund, wer du bist?

Papageno.

Wer ich bin? (Für sich:) Dumme Frage! (laut:) Ein Mensch, wie du. — Wenn ich dich nun fragte, wer du bist?

Tamino.

So wurde ich dir antworten, dass ich aus fürstlichem Geblüte bin.

Papageno.

Das ist mir zu hoch. — Musst dich deutlicher erklären, wenn ich dich verstehen soll!

Tamino.

Mein Vater ist Fürst, der über viele Länder und Menschen herrscht; darum nennt man mich Prinz.

Papageno.

Länder? — Menschen? — Prinz? —

Tamino.

Daher frag' ich dich —

Papageno.

Langsam! Lass mich fragen! — Sag' du mir zuvor: giebt's ausser diesen Bergen auch noch Länder und Menschen?

Tamino.

Viele Tausende!

Papageno.

Da liess' sich eine Speculation mit meinen Vögeln machen.

Tamino.

Nun sag' du mir, in welcher Gegend wir sind. —

Papageno.

In welcher Gegend? (Sieht um sich.) Zwischen Thälern und Bergen.

Tamino.

Schon recht! Aber wie nennt man eigentlich diese Gegend? wer beherrscht sie?

Papageno.

Das kann ich dir ebenso wenig beantworten, als ich weiss, wie ich auf die Welt gekommen bin.

Tamino (lacht).

Wie? Du wüsstest nicht, wo du geboren, oder wer deine Eltern waren?

Papageno.

Kein Wort! — Ich weiss nicht mehr und nicht weniger, als dass mich ein alter aber sehr lustiger Mann auferzogen und ernährt hat.

Tamino.

Das war vermuthlich dein Vater? —

Papageno.

Das weiss ich nicht.

Tamino.

Hattest du denn deine Mutter nicht gekannt?

Papageno.

Gekannt hab' ich sie nicht; erzählen liess ich mir's einige Mal, dass meine Mutter einst da in diesem verschlossenen Gebäude bei der nächtlich sternflammenden Königin gedient hätte. — Ob sie noch lebt, oder was aus ihr geworden ist, weiss ich nicht. — Ich weiss nur so viel, dass nicht weit von hier meine Strohhütte steht, die mich vor Regen und Kälte schützt.

Tamino.

Aber wie lebst du?

Papageno.

Von Essen und Trinken, wie alle Menschen.

Tamino.

Wodurch erhältst du das?

Papageno.

Durch Tausch. — Ich fange für die sternflammende Königin und ihre Jungfrauen verschiedene Vögel; dafür erhalt' ich täglich Speis' und Trank von ihr.

Tamino (für sich).

Sternflammende Königin! — Wenn es etwa gar die mächtige Herrscherin der Nacht wäre! — Sag' mir, guter Freund, warst du schon so glücklich, diese Göttin der Nacht zu sehen?

Papageno (der bisher öfters auf seiner Flöte geblasen).

Deine letzte alberne Frage überzeugt mich, dass du in einem fremden Lande geboren bist.

Tamino.

Sei darüber nicht ungehalten, lieber Freund! Ich dachte nur —

Papageno.

Sehen? — Die sternflammende Königin sehen? Wenn du noch mit einer solchen albernen Frage an mich kommst, so sperr' ich dich, so wahr ich Papageno heisse wie einen Gimpel in mein Vogelhaus, verhandle dich dann mit meinen übrigen Vögeln an die nächtliche Königin und ihre Jungfrauen, dann mögen sie dich meinetwegen sieden oder braten.

Tamino (für sich).

Ein wunderlicher Mann!

Papageno.

Sehen? — Die sternflammende Königin sehen? — Welcher Sterbliche kann sich rühmen, sie je gesehn zu haben? — Welches Menschen Auge würde durch ihren schwarzdurchwebten Schleier blicken können?

Tamino (für sich).

Nun ist's klar: es ist eben diese nächtliche Königin, von der mein Vater mir so oft erzählte. — Aber zu fassen, wie ich mich hierher verirrte, ist ausser meiner Macht. — Unfehlbar ist auch dieser Mann kein gewöhnlicher Mensch — vielleicht einer ihrer dienstbaren Geister.

Papageno (für sich).

Wie er mich so starr anblickt! Bald fang' ich an, mich vor ihm zu fürchten. — Warum siehst du so verdächtig und schelmisch nach mir?

Tamino.

Weil — weil ich zweifle, ob du Mensch bist. —

Papageno.

Wie war das?

Tamino.

Nach deinen Federn, die dich bedecken, halt' ich dich — (geht auf ihn zu).

Papageno.

Doch für keinen Vogel? — Bleib' zurück, sag' ich, und traue mir nicht; denn ich habe Riesenkraft, wenn ich Jemand packe. — (Für sich:) Wenn er sich nicht bald von mir schrecken lässt, so lauf' ich davon.

Tamino.

Riesenkraft? (Er sieht auf die Schlange.) Also warst du wohl gar mein Erretter, der diese giftige Schlange bekämpfte?

Papageno.

Schlange! (Sieht sich um, weicht zitternd einige Schritte zurück.) Was da! Ist sie todt oder lebendig?

Tamino.

Du willst durch deine bescheidene Frage meinen Dank ablehnen, aber ich muss dir sagen, dass ich ewig für deine so tapfere Handlung dankbar sein werde.

Papageno.

Schweigen wir davon still! — Freuen wir uns, dass sie glücklich überwunden ist.

Tamino.

Aber um alles in der Welt, Freund, wie hast du dieses Ungeheuer bekämpft? — Du bist ohne Waffen.

Papageno.

Brauch' keine! — Bei mir ist ein starker Druck mit der Hand mehr als Waffen.

Tamino.

Du hast sie also erdrosselt?

Papageno.

Erdrosselt! (Für sich:) Bin in meinem Leben nicht so stark gewesen, als heute.

Dritter Auftritt

Tamino. Papageno. Die drei Damen.

Die drei Damen (drohen und rufen zugleich).

Papageno!

Papageno.

Aha, dass geht mich an! — Sieh' dich um, Freund!

Tamino.

Wer sind diese Damen?

Papageno.

Wer sie eigentlich sind, weiss ich selbst nicht. Ich weiss nur so viel, dass sie mir täglich meine Vögel abnehmen, und mir dafür Wein, Zuckerbrod und süsse Feigen bringen.

Tamino.

Sie sind vermuthlich sehr schön?

Papageno.

Ich denke nicht! — Denn wenn sie schön wären, würden sie ihre Gesichter nicht bedecken.

Die drei Damen (drohend).

Papageno!

Papageno.

Sei still! Sie drohen mir schon. — Du fragst, ob sie schön sind, und ich kann dir darauf nichts antworten, als dass ich in meinem Leben nichts Reizenderes sah. — Jetzt werden sie bald wieder gut werden. —

Die drei Damen (drohend).

Papageno!

Papageno.

Was muss ich denn heute verbrochen haben, dass sie gar so aufgebracht wider mich sind? — Hier, meine Schönen, übergeb' ich meine Vögel.

Erste Dame (reicht ihm eine schöne Bouteille Wasser).

Dafür schickt dir unsere Fürstin heute zum ersten Mal statt Wein reines helles Wasser.

Zweite Dame.

Und mir befahl sie, dass ich, statt Zuckerbrod, diesen Stein dir überbringen soll. — Ich wünsche, dass er dir wohl bekommen möge.

Papageno.

Was? Steine soll ich fressen?

Dritte Dame.

Und statt der süssen Feigen hab' ich die Ehre, dir dies goldene Schloss vor den Mund zu schlagen. (Sie schlägt ihm ein Schloss vor.)

Papageno (hat seinen Schmerz durch Geberden ausgedrückt).

Erste Dame.

Du willst vermuthlich wissen, warum die Fürstin dich heute so wunderbar bestraft?

Papageno (bejaht es).
Zweite Dame.
Damit du künftig nie mehr Fremde belügst.
Dritte Dame.
Und dass du nie dich der Heldenthaten rühmest, die And're vollzogen.
Erste Dame.
Sag an! Hast du diese Schlange bekämpft?
Papageno (deutet „Nein").
Zweite Dame.
Wer denn also?

Papageno (deutet, er wisse es nicht).
Dritte Dame.
Wir waren's, Jüngling, die dich befreiten. — Zittre nicht. Dich erwartet Freude und Entzücken. — Hier, dies Gemälde schickt dir die grosse Fürstin; es ist das Bildniss ihrer Tochter. — Findest du, sagte sie, dass diese Züge dir nicht gleichgültig sind, dann ist Glück, Ehr' und Ruhm dein Loos. — Auf Wiedersehen. (Geht ab.)

Zweite Dame.
Adieu, Monsieur Papageno! (Geht ab.)
Erste Dame.
Fein nicht zu hastig getrunken! (Geht lachend ab.)
Papageno (hat immer sein stummes Spiel gehabt).
Tamino
(ist gleich beim Empfange des Bildes aufmerksam geworden; seine Liebe nimmt zu, ober gleich für alle diese Reden taub schien).

Vierter Auftritt.
Tamino. Papageno.

Nº 3. ARIE.

O, wenn ich sie nur finden könn - - te! O, wenn sie doch schon vor mir stän - - de!

Ich wür - de, wür - de, warm und rein, was wür - de ich?

Ich würde sie voll Ent - zü - cken an diesen hei - ssen Bu - sen drü - cken, und

e - wig wä-re sie dann mein, und e - - wig wä-re sie dann mein, und e - wig wä-re sie dann

mein, e - wig wä-re sie dann mein, e - wig wä-re sie dann mein! (Will abgehen)

Fünfter Auftritt.
Die drei Damen. Vorige.

Erste Dame.
Rüste dich mit Muth und Standhaftig - keit, schöner Jüngling! — Die Fürstin...

Zweite Dame.
hat mir aufgetragen, dir zu sagen,...

Dritte Dame.
dass der Weg zu deinem künftigen Glü- cke nunmehr gebahnt sei.

Erste Dame.
Sie hat jedes deiner Worte, so du sprachst, gehört; — sie hat...

Zweite Dame.
jeden Zug in deinem Gesichte gelesen,— ja noch mehr, ihr mütterliches Herz...

Dritte Dame.
hat beschlossen, dich ganz glücklich zu ma- chen. — Hat dieser Jüngling, sprach sie, auch so viel Muth und Tapferkeit, als er zärtlich ist, o so ist meine Tochter ganz gewiss gerettet.

Tamino.
Gerettet? O ewige Dunkelheit! was hör' ich? — Das Original? —

Erste Dame.
Hat ein mächtiger, böser Dämon ihr entrissen.

Tamino.
Entrissen? — O ihr Götter! — Sagt, wie konnte das geschehen?

Erste Dame.
Sie sass an einem schönen Maientage ganz allein an dem alles belebenden Cy- pressenwäldchen, welches immer ihr Lieb- lingsaufenthalt war. — Der Bösewicht schlich unbemerkt hinein, ...

Zweite Dame.
belauschte sie, und ...

Dritte Dame.
er hat nebst seinem bösen Herzen auch noch die Macht, sich in jede erdenkliche Gestalt zu verwandeln; auf solche Weise hat er auch Pamina...

Erste Dame.
Dies ist der Name der königlichen Toch- ter, so ihr anbetet.

Tamino.
O Pamina, du mir entrissen! — du in der Gewalt eines üppigen Bösewichts! — Bist vielleicht in diesem Augenblicke — schreck- licher Gedanke!

Die drei Damen.
Schweig; Jüngling! —

Erste Dame.
Lästere der holden Schönheit Tugend nicht! — Trotz aller Pein, so die Unschuld duldet, ist sie sich immer gleich. — Weder Zwang noch Schmeichelei ist vermögend, sie zum Wege des Lasters zu verführen. —

Tamino.
O sagt, Mädchen, sagt, wo ist des Ty- rannen Aufenthalt?

Zweite Dame.
Sehr nahe an unseren Bergen lebt er in ei- nem angenehmen und reizenden Thale. — Seine Burg ist prachtvoll und sorgsam bewacht.

Tamino.
Kommt, Mädchen, führt mich! — Pamina sei gerettet! — Der Bösewicht falle von mei- nem Arm; das schwöre ich bei meiner Liebe, bei meinem Herzen! (Sogleich wird ein hefti - ger erschütternder Accord mit Musik gehört.) Ihr Götter, was ist das?

Die drei Damen.
Fasse dich!

Erste Dame.
Es verkündet die Ankunft unserer Königin.
(Donner.)

Die drei Damen.
Sie kommt! — (Donner.) Sie kommt! — (Donner.) Sie kommt! —

(Verwandlung.)

Die Berge theilen sich auseinander, und das Theater verwandelt sich in ein prächtiges Gemach.

Sechster Auftritt.

Die Königin (sitzt auf einem Thron, welcher mit transparenten Sternen geziert ist). Vorige.

Nº 4. ARIE.

Arie.

Larghetto.

Zum Lei - den bin ich auser - ko-ren, denn meine Tochter fehlet mir; durch sie ging all' mein Glück ver-

lo - ren, durch sie ging all' mein Glück ver - lo - ren: ein Bö-sewicht, ein Bö - - -

- sewicht entfloh mit ihr. Noch seh' ich ihr Zit-tern mit ban - gem Er - schüttern, ihr

du wirst sie zu befreien ge - hen, du wirst der Tochter Ret - ter sein, ja, du __ wirst der

Tochter Ret - ter sein. Und werd'ich dich als Sie - ger se - hen so sei sie dann auf e - wig

dein, so sei sie dann ___

Das Theater verwandelt sich wieder so, wie es vorher war.

Siebenter Auftritt.

Tamino. Papageno.

Tamino (nach einer Pause).

Ist's denn auch Wirklichkeit, was ich sah? oder betäubten mich meine Sinne? — O ihr guten Götter, täuscht mich nicht, oder ich unterliege eurer Prüfung! — Schützet meinen Arm, stählt meinen Muth, und Tamino's Herz wird ewigen Dank euch entgegenschlagen. (Er will gehen, Papageno tritt ihm in den Weg.)

Nº 5. QUINTETT.

50

liess ohn al - le Gnaden mich Sarastro rupfen, braten, rupfen, braten, rupfen, braten, setz - te mich den Hun - den für.

Dich schützt der

Dich schützt der

Prinz, trau' ihm al - lein! Da-für sollst du sein Die - ner sein.

Prinz, trau' ihm al - lein! Da-für sollst du sein Die - ner sein.

(für sich)

Dass doch der Prinz beim Teufel wä - re! Mein Le - ben ist mir

Erste Dame. (giebt Papageno ein Glockenspiel)

Hier, nimm dies Kleinod, es ist

lieb. Am Ende schleicht, bei meiner Eh - re, er vor mir wie ein Dieb. Vcello.

dein. Darinnen hörst du Glöckchen tönen.

Darinnen hörst du Glöckchen tönen.

Ei ei! was mag da - rinnen sein? Werd'ich sie auch wohl spielen

Bassi.

Wie - der - sehn! Le - bet wohl, auf Wie - der - sehn! (Alle wollen gehen.)

Wie - der - sehn! Le - bet wohl, auf Wie - der - sehn!

Wie - der - sehn! Le - bet wohl, auf Wie - der - sehn! Doch, schöne Damen, sa get an:

Wie - der - sehn! Le - bet wohl, auf Wie - der - sehn! Wie man die

wie man die Burg   wohl finden kann, wie man die Burg wohl finden kann?

Burg wohl finden kann,   wie man die Burg   wohl finden kann, wie man die Burg wohl finden kann?

Wie-der-sehn! auf Wie-der-sehn, auf Wie-der-sehn! (Alle ab.)

Wie-der-sehn! auf Wie-der-sehn, auf Wie-der-sehn! (Verwandlung.)

Wie-der-sehn! auf Wie-der-sehn, auf Wie-der-sehn!

Wie-der-sehn! auf Wie-der-sehn, auf Wie-der-sehn!

Das Theater wird in ein prächtiges ägyptisches Zimmer verwandelt.

Neunter Auftritt.

Zwei Sclaven tragen schöne Polster nebst einem prächtigen türkischen Tisch heraus, breiten Teppiche auf; sodann kommt der dritte Sclave.

Dritter Sclave.
Ha ha ha!

Erster Sclave.
Pst pst!

Zweiter Sclave.
Was soll denn das Lachen?

Dritter Sclave.
Unser Peiniger, der alles belauschende Mohr, wird morgen sicherlich gehangen oder gespiesst. — Pamina! — Ha ha ha!

Erster Sclave.
Nun?

Dritter Sclave.
Das reizende Mädchen! — Ha ha ha!

Zweiter Sclave.
Nun?

Dritter Sclave.
Ist entsprungen.

Erster und zweiter Sclave.
Entsprungen?

Erster Sclave.
Und sie entkam!

Dritter Sclave.
Unfehlbar! — Wenigstens ist's mein wahrer Wunsch.

Erster Sclave.
O Dank euch, ihr guten Götter! Ihr habt meine Bitte erhört.

Dritter Sclave.
Sagt' ich euch nicht immer, es wird doch ein Tag für uns scheinen, wo wir gerochen, und der schwarze Monostatos bestraft werden wird?

Zweiter Sclave.
Was spricht nun der Mohr zu der Geschichte?

Erster Sclave.
Er weiss doch davon?

Dritter Sclave.
Natürlich! Sie entlief vor seinen Augen. — Wie mir einige Brü-

der erzählten, die im Garten arbeiteten und von weitem sahen und hörten, so ist der Mohr nicht mehr zu retten; auch wenn Pamina von Sarastro's Gefolge wieder eingebracht würde.

Erster und zweiter Sclave.
Wie so?

Dritter Sclave.
Du kennst ja den üppigen Wanst und seine Weise; das Mädchen aber war klüger, als ich dachte. — In dem Augenblicke, da er zu siegen glaubte, rief sie Sarastro's Namen: das erschütterte den Mohren; er blieb stumm und unbeweglich stehen. — Indess lief Pamina nach dem Kanal, und schiffte von selbst in einer Gondel dem Palmenwäldchen zu.

Erster Sclave.
O, wie wird das schüchterne Reh mit Todesangst dem Palaste ihrer zärtlichen Mutter zueilen!

Zehnter Auftritt.

Vorige Monostatos (von innen).

Monostatos.
He, Sclaven!

Erster Sclave.
Monostato's Stimme!

Monostatos.
He, Sclaven! Schafft Fesseln herbei!

Die drei Sclaven.
Fesseln?

Erster Sclave (läuft zur Seitenthür).
Doch nicht für Pamina? O ihr Götter! Da seht, Brüder, das Mädchen ist gefangen.

Zweiter und dritter Sclave.
Pamina? — Schrecklicher Anblick!

Erster Sclave.
Seht, wie der unbarmherzige Teufel sie bei ihren zarten Händchen fasst — das halt' ich nicht aus. (Geht auf die andere Seite ab.)

Zweiter Sclave.
Ich noch weniger. — (Auch dort ab.)

Dritter Sclave.
So was sehen zu müssen, ist Höllenmarter. (Ab.)

Elfter Auftritt.
Monostatos. Pamina (die von Sclaven hereingeführt wird).

Allegro molto.

N.6.TERZETT.

64

Zwölfter Auftritt.
Papageno. Vorige.

PAPAGENO (von aussen am Fenster, ohne gleich gesehen zu werden).

Wo bin ichwohl?   wo magichsein?   A-

(geht herein)

ha! da find' ich Leute. Ge wagt,ichgeh hi-nein!   SchönMädchen jung und

(Monostatos und Papageno besehen sich, — erschrecken einer über den andern.)

Hu! Das ist — der Teu - fel si - cher-lich, das ist — der Teu - fel si - cher-

fein, viel weisser noch als Kreide. Hu! Das ist — der Teu - fel si - cher-lich, das ist — der Teu - fel si - cher-

(Laufen beide ab.)

lich! Hab Mitleid, verschone mich! Hu! Hu! Hu! Hu!

lich! Hab Mitleid, ver-schone mich! Hu! Hu! Vcello. Hu! Hu!

Dreizehnter Auftritt.

Pamina (allein).

Pamina (spricht wie im Traum).

Mutter — Mutter — Mutter! (Sie erholt sich, sieht sich um.) Wie? — Noch schlägt dieses Herz? — Noch nicht vernichtet? — Zu neuen Qualen erwacht? — O, das ist hart, sehr hart! — Mir bitterer, als der Tod.

Vierzehnter Auftritt.

Papageno. Pamina.

Papageno.

Bin ich nicht ein Narr, dass ich mich schrecken liess? — Es giebt ja schwarze Vögel in der Welt, warum denn nicht auch schwarze Menschen? — Ah, sieh' da! Hier ist das schöne Fräuleinbild. — Du Tochter der nächtlichen Königin...

Pamina.

Nächtliche Königin? — Wer bist du?

Papageno.

Ein Abgesandter der sternflammenden Königin.

Pamina (freudig)..

Meiner Mutter? — O Wonne! — Dein Name?

Papageno.

Papageno.

Pamina.

Papageno? — Papageno... ich erinnere mich, den Namen oft gehört zu haben, dich selbst aber sah' ich nie.

Papageno.

Ich dich ebenso wenig.

Pamina.

Du kennst also meine gute, zärtliche Mutter?

Papageno.

Wenn du die Tochter der nächtlichen Königin bist — ja!

Pamina.

O ich bin es.

Papageno.

Das will ich gleich erkennen. (Er sieht das Portrait an. welches der Prinz zuvor empfangen, und Papageno nun an einem Bande am Halse trägt.) Die Augen schwarz ... richtig, schwarz. — Die Lippen roth ... richtig, roth. — Blonde Haare ... blonde Haare — Alles trifft ein, bis auf Händ' und Füsse. — — Nach dem Gemälde zu schliessen, sollst du weder Hände noch Füsse haben; denn hier sind keine angezeigt.

Pamina.

Erlaube mir — Ja, ich bin's! — Wie kam es in deine Hände?

Papageno.

Dir dies zu erzählen, wäre zu weitläufig; es kam von Hand zu Hand.

Pamina.

Wie kam es in die deinige?

Papageno.

Auf eine wunderbare Art. — Ich habe es gefangen.

Pamina.

Gefangen?

Papageno.

Ich muss dir das umständlicher erzählen. — Ich kam heute früh, wie gewöhnlich, zu deiner Mutter Palast mit meiner Lieferung...

Pamina.

Lieferung?

Papageno.

Ja, ich liefere deiner Mutter und ihren Jungfrauen schon seit vielen Jahren alle die schönen Vögel in den Palast. — Eben als ich im Begriff war, meine Vögel abzugeben, sah ich einen Menschen vor mir, der sich Prinz nennen lässt. — Dieser Prinz hat deine Mutter so eingenommen, dass sie ihm dein Bildniss schenkte und ihm befahl, dich zu befreien. — Sein Entschluss war so schnell, als seine Liebe zu dir.

Pamina.

Liebe? (Freudig.) Er liebt mich also? O, sage mir das noch einmal, ich höre das Wort Liebe gar zu gerne.

Papageno.

Das glaube ich dir ohne zu schwören; bist ja ein Fräuleinbild. — Wo blieb ich denn?

Pamina.

Bei der Liebe.

Papageno.

Richtig, bei der Liebe! Das nenn' ich Gedächtniss haben!

Kurz also, diese grosse Liebe zu dir war der Peitschenstreich, um unsere Füsse in schnellen Gang zu bringen; nun sind wir hier, dir tausend schöne und angenehme Sachen zu sagen; dich in unsere Arme zu nehmen, und wenn es möglich ist, ebenso schnell, wo nicht schneller als hierher, in den Palast deiner Mutter zu eilen.

Pamina.

Das ist alles sehr schön gesagt. Aber, lieber Freund, wenn der unbekannte Jüngling oder Prinz, wie er sich nennt, Liebe für mich fühlt, warum säumt er so lange, mich von meinen Fesseln zu befreien?

Papageno.

Da steckt eben der Haken. — Wie wir von den Jungfrauen Abschied nahmen, so sagten sie uns, drei holde Knaben würden unsere Wegweiser sein, sie würden uns belehren, wie und auf was für Art wir handeln sollen.

Pamina.

Sie lehrten euch?

Papageno

Nichts lehrten sie uns, denn wir haben keinen gesehen. — Zur Sicherheit also war der Prinz so fein, mich voraus zu schicken, um dir unsere Ankunft anzukündigen. —

Pamina.

Freund, du hast viel gewagt! — Wenn Sarastro dich hier erblicken sollte — —

Papageno.

So wird mir meine Rückreise erspart — das kann ich mir denken.

Pamina.

Dein martervoller Tod würde ohne Grenzen sein.

Papageno.

Um diesem auszuweichen, so gehen wir lieber bei Zeiten.

Pamina.

Wie hoch mag die Sonne sein?

Papageno.

Bald gegen Mittag.

Pamina.

So haben wir keine Minute zu versäumen. — Um diese Zeit kommt Sarastro gewöhnlich von der Jagd zurück.

Papageno.

Sarastro ist also nicht zu Hause? — Pah! da haben wir gewonnenes Spiel! Komm, schönes Fräuleinbild! Du wirst Augen machen, wenn du den schönen Jüngling erblickst.

Pamina.

Wohl denn, es sei gewagt! (Sie gehen, Pamina kehrt um.) Aber wenn dies ein Fallstrick wäre — wenn dieser nun ein böser Geist von Sarastro's Gefolge wäre? — (Sieht ihn bedenklich an.)

Papageno.

Ich ein böser Geist? — Wo denkt ihr hin, Fräuleinbild? — Ich bin der beste Geist von der Welt.

Pamina.

Doch nein! Das Bild hier überzeugt mich, dass ich nicht getäuscht bin; es kommt von den Händen meiner zärtlichen Mutter.

Papageno.

Schön's Fräuleinbild, wenn dir wieder ein so böser Verdacht aufsteigen sollte, dass ich dich betrügen wollte, so denke nur fleissig an die Liebe, und jeder böse Argwohn wird schwinden.

Pamina.

Freund, vergieb, vergieb, wenn ich dich beleidigte! Du hast ein gefühlvolles Herz, das sehe ich in jedem deiner Züge.

Papageno.

Ach, freilich habe ich ein gefühlvolles Herz! Aber was nützt mir das Alles? — Ich möchte mir oft alle meine Federn ausrupfen, wenn ich bedenke, dass Papageno noch keine Papagena hat.

Pamina.

Armer Mann! Du hast also noch kein Weib?

Papageno.

Noch nicht einmal ein Mädchen, viel weniger ein Weib! — Ja, das ist betrübt! — Und unser einer hat doch auch bisweilen seine lustigen Stunden, wo man gern gesellschaftliche Unterhaltung haben möchte. —

Pamina.

Geduld, Freund! Der Himmel wird auch für dich sorgen; er wird dir eine Freundin schicken, ehe du dir's vermuthest.

Papageno.

Wenn er's nur bald schickte!

Nº 7. DUETT.

70

Das Theater verwandelt sich in einen Hain. Ganz im Grunde der Bühne ist ein schöner Tempel, worauf diese Worte stehen: „Tempel der Weisheit.“ Dieser Tempel führt mit Säulen zu zwei anderen Tempeln, rechts auf dem einen steht: „Tempel der Vernunft.“ Links steht: „Tempel der Natur.“

Funfzehnter Auftritt.

Drei Knaben führen Tamino herein, jeder hat einen silbernen Palmenzweig in der Hand.

№ 8. FINALE.

72

Recitativ.

Violini.

Viola.

TAMINO.

Die Weisheitsleh-re dieser Knaben sei e-wig mir in's Herz gegraben. Wo bin ich nun? was wird mit mir?

Bassi. *p*

Ist dies der Sitz der Göt-ter hier? Es zei-gen die Pfor-ten, es zeigen die Säu-len, dass Klugheit und

Bö - sewicht! Pa-mi- na retten, Pa-mi- na retten ist mir Pflicht. (Er geht an die

Pforte zur rechten Seite, macht sie auf, und als er hinein will, hört man von fern eine Stimme:)   Zu - rück?   zu - rück?   So wag'ich hiermein Glück!

Zu - rück!

(Er geht zur linken Pforte; eine Stimme von innen:)

Auch hier ruft man „zurück"? (sieht sich um) Da seh' ich noch ei-ne Thür'! Vielleicht find' ich den Eingang

Zu-rück!

Adagio.

Adagio.

hier. (Er klopft, ein alter Priester erscheint.)

PRIESTER.

Wo willst du, kühner Fremdling, hin? Was suchst du hier im

drückt.

Ein Weib hat al-so dich be - rückt? Ein Weib thut we-nig, plaudert viel: du, Jüngling, glaubst dem Zungenspiel?

O, leg-te doch Sa-rastro dir die Absicht sei-ner Handlung für!

Die Absicht ist nur all-zu klar! Riss nicht der

Räu-ber, ohn' Er bar-men, Pa - mi - na aus der Mutter Ar-men?

Ja, Jüngling, was du sagst, ist wahr.

Wo ist sie,

die er uns ge-raubt? Man o-pfer-te viel-leicht sie schon?

Dir dies zu sa-gen, theu-rer Sohn, ist jetzund

Er-klär' dies Räthsel, täusch' mich nicht!

mir noch nicht er-laubt.

Die Zunge bin-det Eid und Pflicht.

Wann al-so

Andante a tempo.

wird die De-cke schwinden?

So bald dich führt der Freund-schaft Hand in's Hei - ligthum zum ew' - gen

Vcello.

Basso.

Ob.

TAMINO (allein).

O ew'-ge Nacht! Wann wirst du schwinden? wann wird das Licht mein Au-ge

Band. (Geht ab)

84

Sechzehnter Auftritt.
Papageno. Pamina. (ohne Fesseln.)

Cor in G. Andante.

PAMINA. Andante. *p*

PAPAGENO.

Schnelle Fü-sse, rascher Muth schützt vor Fein-des List und Wuth. Fän-den wir Ta-mi-no

Schnelle Fü-sse, rascher Muth schützt vor Fein-des List und Wuth. Fän-den wir Ta-mi-no

Ob.

Fag.

Cor.

doch, sonst er - wischen, sonst er-wischen sie uns noch! Fän-den wir Ta-mi-no doch, sonst er-

doch, sonst er - wischen, sonst er-wischen sie uns noch! Fän-den wir Ta-mi-no doch, sonst er-

wischen, sonst er-wischen sie uns noch! Hol - der Jüng-ling!

wischen, sonst er-wischen sie uns noch! Stille, stille, stille, stille! ich kann's

schwinde! Welch'ein Glück, wennich ihn fin-de! Nur ge - schwinde, nur ge-schwinde, nur ge-schwinde, nur geschwinde, nur ge-

schwinde! Welch'ein Glück, wennich ihn fin-de! Nur ge - schwinde, nur ge-schwinde, nur ge-schwinde, nur geschwinde, nur ge-

Allegro.

Siebzehnter Auftritt.
Vorige Monostatos.

PAMINA. (Sie wollen hineingehen.) Allegro.

schwinde, nur geschwinde, nur geschwinde!

MONOSTATOS (ihrer spottend)

PAPAGENO. Nur geschwinde, nur geschwinde, nur geschwinde! Ha, hab' ich euch noch erwischt!

schwinde, nur geschwinde, nur geschwinde!

wagt, ge-winnt oft viel! Komm, du schö-nes Glo-cken-spiel, lass die Glöckchen klin-gen, klin-gen, dass die

Glockenspiel
(Stromento d'acciajo)

(Papageno spielt auf dem Glockenspiel. Sogleich tanzen und singen Monostatos und die Sklaven, und gehen unter dem Gesange marschmässig ab.)

Oh-ren ih-nen sin-gen!

Ten. I. II.

CHOR der
SCLAVEN Bass.
Das klin-get so herr-lich, das klin-get so schön! La-ra-la la la la-ra-la la la la-ra-

Das klin-get so herr-lich, das klin-get so schön! La-ra-la la la la-ra-la la la la-ra-

schwinden, und er leb-te oh-ne sie in der besten Harmonie, in der be - sten, be-sten Harmo - nie!

schwinden. und er leb-te oh-ne sie in der besten Harmonie, in der be-sten Harmo - nie!

Nur der Freundschaft Har-mo-nie mildert die Be - schwerden; oh-ne die-se Sympa-thie istkeinGlückauf Er-den.

Nur der Freundschaft Har-mo-nie mildert die Be - schwerden; oh-ne die-se Sympa-thie istkeinGlückauf Er-den.

Achtzehnter Auftritt

Ein Zug von Gefolge; zuletzt fährt Sarastro
auf einem Triumphwagen heraus, der von sechs
Löwen gezogen wird. Vorige.

Ob.

Fag.

Trombe.

Timp.

Wahrheit, wär' sie auch Verbrechen!

CHOR.

Es   lebe Sarastro! Sa-

Es   lebe Sarastro! Sa-

rastro soll le-ben!   Er ist es, dem wir uns mit Freuden er-ge-ben!   Stets

rastro soll le-ben!   Er ist es, dem wir uns mit Freuden er-ge-ben!   Stets mög' er des Lebens als

Stets mög' er des Lebens als
Stets

Weiser sich freu'n, stets mög'er des Lebens als
mög'er des Lebens als Weiser sich freu'n! Er ist unser Abgott, dem alle sich weihn, er ist unser Abgott, dem

Weiser sich freu'n, stets mög'er des Lebens als Weiser sich freu'n! Er ist unser Abgott, dem alle sich weihn, er ist unser Abgott, dem
mög'er des Lebens

alle sich weih'n, dem al-le sich weih'n, dem al-le sich weih'n. (Dieser Chor wird gesungen bis Sarastro aus dem Wagen ist.)

alle sich weih'n, dem al-le sich weih'n, dem al-le sich weih'n.

ist Durch die - ses selt'nen Vo - gels List wollt' er Pa - mi - na dir ent - führen; allein ich wusst'ihn aus-zu-spü - ren.

Du kennst mich! Mei - ne Wach - sam - keit....

SARASTRO.

Verdient, dass man ihr Lorbeer streut!

Schon dei-ne Gna-de macht mich reich!

He, gebt dem Eh - renmann so gleich... nur sieben und siebenzig Soh - len - streich!

(kniet)

Ach Herr, ach Herr, den Lohn ver-hofft' ich nicht!

(Monostatos wird abgeführt)

Nicht Dank, es ist ja mei-ne Pflicht!

Sop.

Alt.

CHOR.   Es le - be Sa-

Ten.

Bass.   Es le - be Sa-

sotto voce

sotto voce

streut, mit Ruhm be-streut, mit Ruhm be-streut, mit Ruhm be-streut, dann ist die Erd' ein Him - melreich,

streut, mit Ruhm be-streut, mit Ruhm be-streut, mit Ruhm be-streut, dann ist die Erd' ein Himmelreich,

streut, mit Ruhm be-streut, mit Ruhm be-streut, mit Ruhm be-streut, dann ist die Erd'ein Himmelreich,

streut, mit Ruhm be-streut, mit Ruhm be-streut, mit Ruhm be-streut, dann ist die Erd'ein Himmelreich, dann

dann ist die Erd' ein Himmelreich, und Sterbli - che den Göt-tern gleich, und Sterb-li-che den

dann ist die Erd' ein Himmelreich, und Sterbli - che den Göt-tern gleich, und Sterb-li-che den

dann ist die Erd' ein Himmelreich, und Sterbli - che den Göt-tern gleich, und Sterb-li-che den

ist die Erd' ein Him - - melreich, und Sterbli - che den Göt-tern gleich, und Sterb-li-che den

108

Göt-tern gleich, den Göt — tern, den Göt-tern gleich, den Göt-tern gleich, den Göt-tern

Göt-tern gleich, den Göt — tern, den Göt-tern gleich, den Göt-tern gleich, den Göt-tern

Göt-tern gleich, den Göt — tern, den Göt-tern gleich, den Göt-tern gleich, den Göt-tern

Göt-tern gleich, den Göt — tern, den Göt-tern gleich, den Göt-tern gleich, den Göt-tern

gleich, den Göt - - tern gleich.

gleich, den Göt - - tern gleich.

gleich, den Göt - - tern gleich.

gleich, den Göt - - tern gleich.

Ende des ersten Aufzuges.

Zweiter Aufzug.

Das Theater ist ein Palmenwald, alle Bäume sind silberartig, die Blätter von Gold. 18 Sitze von Blättern; auf einem jeden Sitze steht eine Pyramide und ein grosses schwarzes Horn mit Gold gefasst. In der Mitte ist die grösste Pyramide, auch die grössten Bäume. Sarastro nebst anderen Priestern kommen in feierlichen Schritten, jeder mit einem Palmenzweige in der Hand. Ein Marsch mit Blaseinstrumenten begleitet den Zug.

№ 9. MARSCH DER PRIESTER.

N.° 9.ª DER DREIMALIGE ACCORD.

Flauti.
Oboi.
Corni di Bassetto.
Fagotti.
Corni in F.
Trombe in B.
Tromboni Alto e Tenore.
Trombone Basso.

Erster Auftritt.

Sarastro. Der Sprecher und die Priester.

Sarastro (nach einer Pause).

Ihr, in dem Weisheitstempel eingeweihten Diener der grossen Götter Osiris und Isis! — Mit reiner Seele erklär' ich euch, dass unsere heutige Versammlung eine der wichtigsten unserer Zeit ist. — Tamino, ein Königssohn, zwanzig Jahre seines Alters, wandelt an der nördlichen Pforte unseres Tempels. und seufzt mit tugendvollem Herzen nach einem Gegenstande, den wir alle mit Mühe und Fleiss erringen müssen. — Kurz, dieser Jüngling will seinen nächtlichen Schleier von sich reissen, und in's Heiligthum des grössten Lichtes blicken. — Diesen Tugendhaften zu bewachen, ihm freundschaftlich die Hand zu bieten, sei heute eine unserer wichtigsten Pflichten.

Erster Priester (steht auf).
Er besitzt Tugend?

Sarastro.
Tugend!

Zweiter Priester.
Auch Verschwiegenheit?

Sarastro.
Verschwiegenheit!

Dritter Priester.
Ist wohlthätig?

Sarastro.
Wohlthätig! — Haltet ihr ihn für würdig, so folgt meinem Beispiele. (Sie blasen dreimal in die Hörner) Gerührt über die Einigkeit eurer Herzen, dankt Sarastro euch im Namen der Menschheit. — Mag immer das Vorurtheil seinen Tadel über uns Eingeweihte auslassen! — Weisheit und Vernunft zerstückt es gleich dem Spinnengewebe. — Unsere Säulen erschüttern sie nie. Jedoch, das böse Vorurtheil soll schwinden, sobald Tamino selbst die Grösse unserer schweren Kunst besitzen wird. — Pamina, das sanfte, tugendhafte Mädchen, haben die Götter dem holden Jünglinge bestimmt; dies ist der Grundstein, warum ich sie der stolzen Mutter entriss. — Das Weib dünkt sich gross zu sein; hofft durch Blendwerk und Aberglauben das Volk zu berücken, und unsern festen Tempelbau zu zerstören. Allein, das soll sie nicht! Tamino, der holde Jüngling selbst, soll ihn mit uns befestigen, und als Eingeweihter der Tugend Lohn, dem Laster aber Strafe sein. (Der dreimalige Accord mit den Hörnern wird von Allen wiederholt.)

Sprecher (steht auf).
Grosser Sarastro, deine weisheitsvollen Reden erkennen und bewundern wir; allein, wird Tamino auch die harten Prüfungen, so seiner warten, bekämpfen? — Verzeih, dass ich so frei bin, dir meinen Zweifel zu eröffnen! Mich bangt es um den Jüngling. Wenn nun, im Schmerz dahin gesunken, sein Geist ihn verliesse, und er dem harten Kampfe unterläge? — Er ist Prinz.

Sarastro.
Noch mehr — er ist Mensch!

Sprecher.
Wenn er nun aber in seiner frühen Jugend leblos erblasste?

Sarastro.
Dann ist er Osiris und Isis gegeben, und wird der Götter Freuden früher fühlen, als wir. (Dreimaliger Accord wird wiederholt.) Man führe Tamino mit seinem Reisegefährten in den Vorhof des Tempels ein. (Zum Sprecher, der vor ihm niederkniet.) Und du, Freund, den die Götter durch uns zum Vertheidiger der Wahrheit bestimmten, vollziehe dein heiliges Amt, und lehre sie durch deine Weisheit beide, was Pflicht der Menschheit sei, lehre sie die Macht der Götter erkennen!

(Sprecher geht mit einem Priester ab, alle Priester stellen sich mit ihren Palmenzweigen zusamen.)

N° 10. ARIE MIT CHOR.

Sarastro: O I-sis und O-si - ris, schen-ket der Weis-heit Geist dem neu-en Paar! Die ihr der Wand'- rer Schrit-te len-ket, stärkt mit Ge-duld sie in Ge-fahr, stärkt mit Ge-duld sie in Ge-fahr!

CHOR.

Ten. I. II. Stärkt mit Ge-duld sie in Ge-fahr!

Bass I. II. Stärkt mit Ge-duld sie in Ge-fahr!

SARASTRO.
Lasst sie der Prü - fung Früch-te se-hen; doch soll-ten sie zu Gra - be ge-hen, so lohnt der

Tu-gend küh - nen Lauf, nehmt sie in eu - ren Wohn-sitz auf, nehmt sie in eu - ren

Wohn-sitz auf.

(Sarastro geht voraus, dann Alle ihm nach ab.)

CHOR.
Nehmt sie in eu - ren Wohn-sitz auf.

(Verwandlung.)

Nehmt sie in eu - ren Wohn-sitz auf.

Das Theater verwandelt sich in einen kurzen Vorhof des Tempels, wo man Rudera von eingefallenen Säulen und Pyramiden sieht, nebst einigen Dornbüschen. An beiden Seiten stehen practicable hohe alt-ägyptische Thüren, welche mehr Seitengebäude vorstellen.

Zweiter Auftritt.

Tamino und Papageno werden vom Sprecher und dem andern Priester hereingeführt; sie lösen ihnen die Säcke ab; Priester gehen dann ab.

(Nacht; der Donner rollt von weitem.)

Tamino.

Eine schreckliche Nacht!_ Papageno, bist du noch bei mir?

Papageno.

I, freilich!

Tamino.

Wo denkst du, dass wir uns nun befinden?

Papageno.

Wo? Ja, wenn's nicht finster wäre, wollt' ich dir's sagen_ aber so... (Donnerschlag.) O weh!_

Tamino.

Was ist's?

Papageno.

Mir wird nicht wohl bei der Sache!

Tamino.

Du hast Furcht, wie ich höre.

Papageno.

Furcht eben nicht, nur eiskalt läufts mir über den Rücken. (Starker Donnerschlag.) O weh!_

Tamino.

Was soll's?

Papageno.

Ich glaube, ich bekomme ein kleines Fieber.

Tamino.

Pfui, Papageno! Sei ein Mann!

Papageno.

Ich wollt' ich wär' ein Mädchen! (Ein sehr starker Donnerschlag) O! o! o! Das ist mein letzter Augenblick!

Dritter Auftritt.

Sprecher und der andere Priester mit Fackeln. Vorige.

Sprecher.

Ihr Fremdlinge, was sucht oder fordert ihr von uns? Was treibt euch an, in unsere Mauern zu dringen?

Tamino.

Freundschaft und Liebe.

Sprecher.

Bist du bereit, es mit deinem Leben zu erkämpfen?

Tamino.

Ja!

Sprecher.

Auch wenn Tod dein Loos wäre?

Tamino.

Ja!

Sprecher.

Prinz, noch ist's Zeit zu weichen_ einen Schritt weiter, und es ist zu spät._

Tamino.

Weisheitslehre sei mein Sieg; Pamina, das holde Mädchen, mein Lohn!

Sprecher.

Du unterziehst jeder Prüfung dich?

Tamino.

Jeder!

Sprecher.

Reiche deine Hand mir!_ (Sie reichen sich die Hände.) So!

Zweiter Priester.

Ehe du weiter sprichst, erlaube mir ein paar Worte mit diesem Fremdlinge zu sprechen. Willst auch du die Weisheitsliebe erkämpfen?

Papageno.

Kämpfen ist meine Sache nicht._ Ich verlange auch im Grunde gar keine Weisheit. Ich bin so ein Naturmensch der sich mit Schlaf, Speise und Trank begnügt;_ und wenn es ja sein könnte, dass ich mir einmal ein schönes Weibchen fange...

Zweiter Priester.

Die wirst du nie erhalten, wenn du dich nicht unseren Prüfungen unterziehst.

Papageno.

Worin besteht diese Prüfung?

Zweiter Priester.

Dich allen unseren Gesetzen unterwerfen, selbst den Tod nicht scheuen.

Papageno.

Ich bleibe ledig!

Sprecher.

Aber wenn du dir ein tugendhaftes, schönes Mädchen erwerben könntest?

Papageno.

Ich bleibe ledig!

Zweiter Priester.

Wenn nun aber Sarastro dir ein Mädchen aufbewahret hätte, das an Farbe und Kleidung dir ganz gleich wäre?...

Papageno.

Mir gleich? Ist sie jung?

Zweiter Priester.

Jung und schön!

Papageno.

Und heisst?

Zweiter Priester.

Papagena.

Papageno.

Wie? Pa...?

Zweiter Priester.

Papagena!

Papageno.

Papagena?_ Die möcht' ich aus blosser Neugierde sehen.

Zweiter Priester.

Sehen kannst du sie!_ _

Papageno.

Aber wenn ich sie gesehen habe, hernach muss ich sterben?

Zweiter Priester.

(macht eine zweideutige Pantomine).

Papageno.

Ja? Ich bleibe ledig!

Zweiter Priester.

Sehen kannst du sie, aber bis zur verlauf'nen Zeit kein Wort mit ihr sprechen. Wird dein Geist so viel Standhaftigkeit besitzen, deine Zunge in Schranken zu halten?

Papageno.

O ja!

Zweiter Priester.

Deine Hand! Du sollst sie sehen.

Sprecher.

Auch dir Prinz, legen die Götter ein heilsames Stillschweigen auf; ohne dieses seid ihr beide verloren._ Du wirst Pamina sehen,_ aber nie sie sprechen dürfen; dies ist der Anfang eurer Prüfungszeit._

Nº 11. DUETT.

Fl.

Ob.

Cl.

Fag.

Cor.

Trombe in C.

Timp. in C. G.

Tromb. Alto e Ten.

Tromb. Basso.

En-de, ver - gol - ten sei -ne Treu' mit Hohn! Ver-ge — bens rang er sei -ne Hän-de,

En-de, ver - gol - ten sei -ne Treu' mit Hohn! Ver-ge — bens rang er sei -ne Hän-de,

sotto voce

Tod und Verzweiflung war sein Lohn, Tod und Verzweiflung war sein Lohn. (Beide Priester ab)

sotto voce

Tod und Verzweiflung war sein Lohn, Tod und Verzweiflung war sein Lohn.

Vierter Auftritt.

Tamino. Papageno.

Papageno.

Tamino.

He Lichter her! Lichter her! — Das ist doch wunderlich. so oft ei-nen die Herren verlassen, so sieht man mit offenen Augen Nichts.

Ertrag' es mit Geduld, und denke, es ist der Götter Wille.

120

123

PAP.

Das wär' beim Teufel, wär' beim Teufel, wär' beim Teufel, wär' beim Teufel un-er-hört! Sag' an, Ta-mi-no, ist das

Haar.

Haar.

Haar.

Bassi.

ERSTE u. ZWEITE DAME.

DRITTE DAME.

TAMINO.

Geschwätz von Weibern nach-ge-sagt, von Heuchlern a-ber aus-ge-dacht. Sie ist ein Weib, hat Wei-ber-

PAPAG.

wahr? Doch sagt es auch die Kö-ni-gin.

129

Sechster Auftritt.

Tamino. Papageno. Sprecher und zweiter Priester
(mit Fackeln).

Sprecher.

Heil dir, Jüngling! Dein standhaft männliches Betragen hat gesiegt. Zwar hast du noch manch rauhen und gefährlichen Weg zu wandern, den du aber durch Hülfe der Götter glücklich endigen wirst. — Wir wollen also mit reinem Herzen unsere Wanderschaft weiter fortsetzen. (Er giebt ihm den Sack um.) So! Nun komm! (Ab.)

Zweiter Priester.

Was seh ich! Freund, stehe auf! Wie ist dir?

Papageno.

Ich lieg' in einer Ohnmacht!

Zweiter Priester.

Auf! Sammle dich, und sei ein Mann!

Papageno (steht auf).

Aber sagt mir nur, meine Herren, warum muss ich denn alle diese Qualen und Schrecken empfinden? — Wenn mir ja die Götter eine Papagena bestimmten, warum denn mit so viel Gefahren sie erringen?

Zweiter Priester.

Diese neugierige Frage mag deine Vernunft dir beantworten. Komm! Meine Pflicht heischt, dich weiter zu führen. (Er giebt ihm den Sack um.)

Papageno.

Bei so einer ewigen Wanderschaft möcht' einem wohl die Liebe auf immer vergehen. (Ab.) (Verwandlung.)

Das Theater verwandelt sich in einen angenehmen Garten; Bäume, die nach Art eines Hufeisens gesetzt sind; in der Mitte steht eine Laube von Blumen und Rosen, worin Pamina schläft. Der Mond beleuchtet ihr Gesicht. Ganz vorn steht eine Rasenbank.

Siebenter Auftritt.

Monostatos (kommt, setzt sich nach einer Pause).

Ha, da find' ich ja die spröde Schöne!__Und um einer so geringen Pflanze wegen wollte man meine Fusssohlen behämmern?__Also bloss dem heutigen Tage hab' ich's zu verdanken, dass ich noch mit heiler Haut auf die Erde trete.__Hm! __Was war denn eigentlich mein Verbrechen? Dass ich mich in eine Blume vergaffte, die auf fremden Boden versetzt war?__ Und welcher Mensch, wenn er auch von gelinderem Himmelsstrich daher wanderte, würde bei so einem Anblick kalt und unempfindlich bleiben?__ Bei allen Sternen! Das Mädchen wird noch um meinen Verstand mich bringen!__ Das Feuer, das in mir glimmt, wird mich noch verzehren! (Er sieht sich allenthalben um.) Wenn ich wüsste__ dass ich so ganz allein und unbelauscht wäre... ich wagte es noch einmal. (Er macht sich Wind mit beiden Händen.) Es ist doch eine verdammte närrische Sache um die Liebe! Ein Küsschen, dächte ich, liesse sich entschuldigen.

Nº 13. ARIE.

Al__les fühlt der Lie-be Freu-den, schnäbelt, tändelt, herzt und küsst;   und   ich sollt' die Lie-be
Drum   so will ich,weil ich le-be, schnäbeln, küs-sen, zärt-lich sein!   Lie__ber gu-ter Mond,ver-

meiden, weil ein Schwarzer häss-lich ist, weil ein Schwarzer häss-lich ist!
ge - be: ei - ne Wei-sse nahm mich ein, ei - ne Wei-sse nahm mich ein.

Ist mir denn kein Herz ge - ge - ben? Ich bin auch den Mädchen gut, ich bin auch den Mädchen
Weiss ist schön, ich muss sie küs-sen: Mond, ver-ste-cke dich da - zu, Mond, ver-ste-cke dich da -

gut! Im - mer oh - ne Weibchen le - ben, wä - re wahrlich Höl - len-gluth, wä - re wahrlich Höl - len-gluth, wä - re
zu! Sollt' es dich zu sehr ver-driessen, o so mach die Au - gen zu, o so mach die Au - gen zu, o so

wahr lich Höl - len gluth!   (Er schleicht langsam und leise hin.)
mach die Au - gen zu!

Achter Auftritt.

Die Königin kommt unter Donner aus der mittleren Versenkung, und so, dass sie gerade vor Pamina zu stehen kommt.

Königin.

Zurücke!

Pamina (erwacht).

Ihr Götter!

Monostatos (prallt zurück).

Oh weh! — Das ist... wo ich nicht irre die Göttin der Nacht. (Steht ganz still.)

Pamina.

Mutter! Mutter! meine Mutter! (Sie fällt ihr in die Arme.)

Monostatos.

Mutter? Hm, das muss man von weitem belauschen. (Schleicht ab.)

Königin.

Verdank' es der Gewalt, mit der man dich mir entriss, dass ich noch deine Mutter mich nenne. — Wo ist der Jüngling, den ich an dich sandte?

Pamina.

Ach Mutter, der ist der Welt und den Menschen auf ewig entzogen. — Er hat sich den Eingeweihten gewidmet.

Königin.

Den Eingeweihten? — Unglückliche Tochter, nun bist du auf ewig mir entrissen! —

Pamina.

Entrissen? — O fliehen wir, liebe Mutter! Unter deinem Schutz trotz' ich jeder Gefahr.

Königin.

Schutz? Liebes Kind, deine Mutter kann dich nicht mehr schützen. — Mit deines Vaters Tod ging meine Macht zu Grabe.

Pamina.

Mein Vater...

Königin.

Uebergab freiwillig den siebenfachen Sonnenkreis den Eingeweihten; diesen mächtigen Sonnenkreis trägt Sarastro auf der Brust. — Als ich ihn darüber beredete, so sprach er mit gefalteter Stirne: „Weib! meine letzte Stunde ist da— alle Schätze, so ich allein besass, sind dein und deiner Tochter". — Der alles verzehrende Sonnenkreis... fiel ich hastig ihm in die Rede...„ist den Eingeweihten bestimmt", antwortete er: —„Sarastro wird ihn so männlich verwalten, wie ich bisher. — Und nun kein Wort weiter; forsche nicht nach Wesen, die dem weiblichen Geiste unbegreiflich sind — Deine Pflicht ist, dich und deineTochter der Führung weiser Männer zu überlassen."

Pamina.

Liebe Mutter, nach alle dem zu schliessen, ist wohl auch der Jüngling auf immer für mich verloren?

Königin.

Verloren, wenn du nicht, eh' die Sonne die Erde färbt, ihn durch diese unterirdischen Gemächer zu fliehen beredest. — Der erste Schimmer des Tages entscheidet, ob er ganz dir oder den Eingeweihten gegeben sei.

Pamina.

Liebe Mutter, dürft' ich den Jüngling als Eingeweihten denn nicht auch ebenso zärtlich lieben, wie ich ihn jetzt liebe? Mein Vater selbst war ja mit diesen weisen Männern verbunden, er sprach jederzeit mit Entzücken von ihnen, preiste ihre Güte...ihren Verstand... ihre Tugend...Sarastro ist nicht weniger tugendhaft —

Königin.

Was hör' ich? — Du, meine Tochter, könntest die schändlichen Gründe dieser Barbaren vertheidigen? — So einen Mann lieben, der mit meinem Todfeinde verbunden, mit jedem Augenblick nur meinen Sturz bereiten würde? — Siehst du hier diesen Stahl? — Er ist für Sarastro geschliffen. — Du wirst ihn tödten, und den mächtigen Sonnenkreis mir überliefern.

Pamina.

Aber, liebste Mutter! —

Königin.

Kein Wort!

Nº 14. ARIE.

Der Hölle Ra - che kocht in meinem Herzen, Tod und Verzweiflung,

138

Neunter Auftritt.

Pamina (mit dem Dolch in der Hand).
Pamina.

Morden soll ich? — Götter, das kann ich nicht! — das kann ich nicht!(Steht in Gedanken.)

Zehnter Auftritt.

Vorige. Monostatos.
Monostatos.

(kommt schnell, heimlich und sehr freudig).

Sarastro's Sonnenkreis hat also auch seine Wirkung? — Und diesen zu erhalten, soll das schöne Mädchen ihn morden? — Das ist Salz in meine Suppe!

Pamina.

Aber schwur sie nicht bei allen Göttern, mich zu verstossen, wenn ich den Dolch nicht gegen Sarastro kehre? — Götter, was soll ich nun!

Monostatos.

Dich mir anvertrauen? (Nimmt ihr den Dolch.)

Pamina (erschrickt und schreit).

Ha!

Monostatos.

Warum zitterst du? Vor meiner schwarzen Farbe, oder vor dem ausgedachten Mord?

Pamina (schüchtern).

Du weisst also? —

Monostatos.

Alles. — Ich weiss sogar, dass nicht nur dein, sondern auch deiner Mutter Leben in meiner Hand steht. — Ein einziges Wort sprech' ich zu Sarastro, und deine Mutter wird in diesem Gewölbe in eben

dem Wasser, das die Eingeweihten reinigen soll, wie man sagt, ersäuft. — Aus diesem Gewölbe kommt sie nun sicher nicht mehr mit heiler Haut, wenn ich es will. — Du hast also nur einen Weg, dich und deine Mutter zu retten.

Pamina.

Der wäre?

Monostatos.

Mich zu lieben.
Pamina (zitternd für sich).
Götter!

Monostatos (freudig).

Das junge Bäumchen jagt der Sturm auf meine Seite. — Nun, Mädchen! Ja oder nein!

Pamina (entschlossen).

Nein!

Monostatos (voll Zorn).

Nein? Und warum? Weil ich die Farbe eines schwarzen Gespenst's trage? — Nicht? — Ha, so stirb! (Er ergreift sie bei der Hand.)

Pamina.

Monostatos, sieh' mich hier auf meinen Knien! — Schone meiner!

Monostatos.

Liebe oder Tod! — Sprich, dein Leben steht auf der Spitze!

Pamina.

Mein Herz hab' ich dem Jüngling geopfert.

Monostatos.

Was kümmert mich dein Opfer! — Sprich!

Pamina (entschlossen).

Nie!

Elfter Auftritt.

Vorige. Sarastro.
Monostatos.

So fahre denn hin! (Sarastro hält ihn schnell ab.) Herr, mein Unternehmen ist nicht strafbar; man hat deinen Tod geschworen, darum wollt' ich dich rächen.

Sarastro.

Ich weiss nur allzuviel, ... weiss, dass deine Seele ebenso schwarz als dein Gesicht ist. — Auch würde ich dies schwarze Unternehmen mit höchster Strenge an dir bestrafen, wenn nicht ein böses Weib, das zwar eine sehr gute Tochter hat, den Dolch dazu geschmiedet hätte. — Verdank' es der bösen Handlung des Weibes, dass du ungestraft davon ziehst. — Geh'!

Monostatos (in Abgehen).

Jetzt such' ich die Mutter auf, weil die Tochter mir nicht beschieden ist. (Ab.)

Zwölfter Auftritt.

Vorige, ohne Monostatos.
Pamina.

Herr, strafe meine Mutter nicht! Der Schmerz über meine Abwesenheit...

Sarastro.

Ich weiss alles... weiss, dass sie in unterirdischen Gemächern des Tempels herumirrt, und Rache über mich und die Menschheit kocht. Allein, du sollst sehen, wie ich mich an deiner Mutter räche. — Der Himmel schenke nur dem holden Jüngling Muth und Standhaftigkeit in seinem Vorsatz, dann bist du mit ihm glücklich, und deine Mutter soll beschämt nach ihrer Burg zurücke kehren.

№ 15. ARIE.

1. In diesen heil'gen Hallen kennt man die Ra - che nicht, und ist ein Mensch ge -
2. In diesen heil'gen Mauern, wo Mensch den Menschen liebt, kann kein Ver - rä - ther

fallen, führt Lie-be ihn zur Pflicht.

lauern, weil man dem Feind ver-giebt.

Dann wandelt er an Freun-des Hand vergnügt und froh in's bess'-re

Wen sol-che Lehren nicht er-freu'n, ver-die-net nicht ein Mensch zu

Land, dann wandelt er an Freun-des Hand vergnügt und froh in's bess'-re Land, dann wandelt er an Freun-des

sein, wen sol-che Leh-ren nicht er-freu'n, ver-die-net nicht ein Mensch zu sein, wenn sol-che Leh-ren nicht er-

Hand vergnügt und froh in's bess' - re Land, in's bess' - re, in's bess' - - re Land. (Gehen beide ab.)

freu'n, ver-die-net nicht ein Mensch zu sein, ein Mensch, ein Mensch zu sein.

Vcello.

Basso. *D.S.*

(Verwandlung.)

Das Theater verwandelt sich in eine Halle, wo das Flugwerk gehen kann. Das Flugwerk ist mit Rosen und Blumen umgeben, wo sich sodann eine Thür öffnet. Ganz vorn sind zwei Rasenbänke.

Dreizehnter Auftritt.
Tamino und Papageno werden (ohne Säcke) von den zwei Priestern hereingeführt.

Sprecher.

Hier seid ihr euch beide allein überlassen. — Sobald die röchelnde Posaune tönt, dann nehmt ihr euren Weg dahin. — Prinz, lebt wohl! Wir sehen uns, eh' ihr ganz am Ziele seid. — Noch einmal, vergesst das Wort nicht: Schweigen. (Ab.)

Zweiter Priester.

Papageno, wer an diesem Ort sein Stillschweigen bricht, den strafen die Götter durch Donner und Blitz. Leb'wohl! (Ab.)

Vierzehnter Auftritt.
Tamino Papageno.

Tamino (setzt sich auf eine Rasenbank).

Papageno (nach einer Pause).

Tamino!

Tamino (verweisend).

St!

Papageno.

Das ist ein lustiges Leben! — Wär' ich lieber in meiner Strohhütte, oder im Walde, so hört' ich doch manchmal einen Vogel pfeifen.

Tamino (verweisend).

St!

Papageno.

Mit mir selbst werd' ich wohl sprechen dürfen; und auch wir zwei können zusammen sprechen, wir sind ja Männer.

Tamino (verweisend).

St!

Papageno (singt).

La la la — la la la! — Nicht einmal einen Tropfen Wasser bekommt man bei diesen Leuten, viel weniger sonst was.

Fünfzehnter Auftritt.
Ein altes hässliches Weib kommt aus der Versenkung, hält auf einer Tasse einen grossen Becher mit Wasser.

Papageno (sieht sie lange an).

Ist das für mich?

Weib.

Ja, mein Engel!

Papageno (sieht sie wieder an, trinkt).

Nicht mehr und nicht weniger als Wasser. — Sag' du mir, du unbekannte Schöne, werden alle fremden Gäste auf diese Art bewirthet?

Weib.

Freilich, mein Engel!

Papageno.

So, so! — Auf diese Art werden die Fremden auch nicht gar zu häufig kommen. —

Weib.

Sehr wenig.

Papageno.

Kann mir's denken. — Geh', Alte, setze dich her zu mir, mir ist die Zeit verdammt lange. — Sag' du mir, wie alt bist du denn?

Weib.

Wie alt?

Papageno.

Ja!

Weib.

Achtzehn Jahr und zwei Minuten.

Papageno.

Achtzehn Jahr und zwei Minuten?

Weib.

Ja!

Papageno.

Ha ha ha! — Ei, du junger Engel! Hast du auch einen Geliebten?

Weib.

I freilich!

Papageno.

Ist er auch so jung wie du?

Weib.

Nicht gar, er ist um zehn Jahre älter. —

Papageno.

Um zehn Jahr ist er älter als du? — Das muss eine Liebe sein! — Wie nennt sich denn dein Liebhaber?

Weib.

Papageno!

Papageno (erschrickt. Pause).

Papageno? — Wo ist er denn, dieser Papageno?

Weib.

Da sitzt er, mein Engel!

Papageno.

Ich wär' dein Geliebter?

Weib.

Ja, mein Engel!

Papageno (nimmt schnell das Wasser und spritzt ihr in's Gesicht).

Sag' du mir, wie heisst du denn?

Weib.

Ich heisse... (Starker Donner, die Alte hinkt schnell ab.)

Papageno.

O weh!

Tamino (steht auf, droht mit dem Finger).

Papageno.

Nun sprech' ich kein Wort mehr!

Sechszehnter Auftritt.

Die drei Knaben kommen in einem mit Rosen bedeckten Flugwerk. In der Mitte steht ein schöner gedeckter Tisch. Der eine hat die Flöte. der andere das Kästchen mit Glöckchen. Vorige.

№ 16. TERZETT.

Seid uns zum zwei ten Mal willkom - men, ihr Männer, in Sa - ra-stro's Reich!

Er schickt, was man euch ab - ge-nom - men, die Flö-te und die Glöck-chen, euch.

Wollt ihr die Spei - sen nicht verschmä - hen, so esset, trin - ket froh da - von! Wenn wir zum drit - ten

Mal uns se - hen, ist Freu-de eu - res Mu - thes Lohn. Ta-mi-no, Muth!

Nah' ist das Ziel. Du, Pa-pa-geno,

Bassi. Vcello. Bassi.

schwei-ge still, still, still, schwei-ge still, still, still,

Vcello. Bassi. Vcello.

schwei-ge still! (Unter dem Terzett setzen sie den Tisch in die Mitte und fliegen auf.)

Bassi.

Siebzehnter Auftritt.

Tamino. Papageno.

Papageno.

Tamino, wollen wir nicht speisen?

Tamino (bläst auf seiner Flöte).

Papageno.

Blase du nur fort auf deiner Flöte, ich will meine Brocken blasen. — Herr Sarastro führt eine gute Küche. — Auf die Art, ja da will ich schon schweigen, wenn ich immer solche gute Bissen bekomme — Nun, ich will sehen, ob auch der Keller so gut bestellt ist. (Er trinkt.) — Ha! — das ist Götterwein!

(Die Flöte schweigt.)

Achzehnter Auftritt.

Pamina. Vorige.

Pamina (freudig).

Du hier? — Gütige Götter! Dank euch, dass ihr mich diesen Weg führtet. — Ich hörte deine Flöte — und so lief ich pfeilschnell dem Tone nach. — Aber du bist traurig? — Sprichst nicht eine Silbe mit deiner Pamina?

Tamino (seufzt).

Ah! (Winkt ihr fortzugehen.)

Pamina.

Wie? Ich soll dich meiden? Liebst du mich nicht mehr?

Tamino (seufzt).

Ah! (Winkt wieder fort.)

Pamina.

Ich soll fliehen, ohne zu wissen warum? — Tamino, holder Jüngling, hab’ ich dich beleidigt? — O, kränke mein Herz nicht noch mehr! — Bei dir such’ ich Trost, — Hülfe, — und du kannst mein liebevolles Herz noch mehr kränken? — Liebst du mich nicht mehr?

Tamino (seufzt).

Pamina.

Papageno, sage du mir, sag’, was ist meinem Freund?

Papageno (hat einen Brocken in dem Munde, hält mit beiden Händen die Speisen zu, winkt fortzugehen).

Pamina.

Wie? Auch du? — Erkläre mir wenigstens die Ursache eures Stillschweigens. —

Papageno.

St! (Er deutet ihr fortzugehen.)

Pamina.

O, das ist mehr als Kränkung — mehr als Tod! (Pause.) Liebster, einziger Tamino!

Nº 17. ARIE.

Sieh', Ta-mi-no, die - se Thrä-nen fliessen,Trau-ter, dir al - lein, dir al-
Vcello.

lein! Fühlst du nicht der Liebe Seh-nen, der Liebe Seh-nen, so wird Ru - he, so wird Ruh' im To - de
Bassi.

sein; fühlst du nicht der Liebe Sehnen, fühlst du nicht der Lie - be Sehnen, so wird Ru - he, so wird
Vcello.   Bassi.

Ruh' im To - de sein, so wird Ruh'___ im To - - de sein, im To - de

sein, im To - - de sein.

Vcello. cresc. Bassi. (Ab.)

Neunzehnter Auftritt.

Tamino. Papageno.

Papageno. (isst hastig).

Nicht wahr, Tamino, ich kann auch schweigen, wenn's sein muss. — Ja, bei so einem Unternehmen bin ich Mann. — (Er trinkt.) Der Herr Koch und der Herr Kellermeister sollen leben!

(Dreimaliger Posaunenton.)

Tamino (winkt Papageno, dass er gehen soll).

Papageno.

Gehe du nur voraus, ich komme schon nach.

Tamino (will ihn mit Gewalt fortführen).

Papageno.

Der Stärkere bleibt da!

Tamino (droht ihm und geht rechts ab; ist aber links gekommen).

Papageno.

Jetzt will ich mir's erst recht wohl sein lassen. — Da ich in meinem besten Appetit bin, soll ich gehen. — Das lass' ich wohl bleiben! — Ich ging' jetzt nicht fort, und wenn Herr Sarastro seine sechs Löwen an mich spannte. (Die Löwen kommen heraus, er erschrickt.) O Barmherzigkeit, ihr gütigen Götter! — Tamino rette mich! Die Herren Löwen machen eine Mahlzeit aus mir. — —

(Tamino bläst seine Flöte, kommt schnell zurück; die Löwen gehen hinein.)

Tamino (winkt ihm).

Papageno.

Ich gehe schon! Heiss' du mich einen Schelmen, wenn ich dir nicht in Allem folge. (Dreimaliger Posaunenton.) Das geht uns an. — Wir kommen schon. — Aber hör' einmal, Tamino, was wird denn noch alles mit uns werden?

Tamino (deutet gen Himmel).

Papageno.

Die Götter soll ich fragen?

Tamino (deutet Ja).

Papageno.

Ja, die könnten uns freilich mehr sagen, als wir wissen!

(Dreimaliger Posaunenton.)

Tamino (reisst ihn mit Gewalt fort).

Papageno.

Eile nur nicht so, wir kommen noch immer zeitig genug, um uns braten zu lassen. (Ab.)

(Verwandlung.)

Das Theater verwandelt sich in das Gewölbe von Pyramiden.

Zwanzigster Auftritt.

Sarastro Sprecher und einige Priester.

Zwei Priester tragen eine beleuchtete Pyramide auf den Schultern; jeder Priester hat eine transparente Pyramide, in der Grösse einer Laterne, in der Hand.

Nº 18. CHOR der PRIESTER.

O I - sis und O - si - ris, welche Wonne! Die düst' - re Nacht verscheucht der Glanz der

Son - ne. Bald fühlt der ed-le Jüngling neues Le - ben, bald ist er unserm Dien-ste ganz er - ge - ben.

Sein Geist ist kühn, sein Herz ist rein, sein Geist ist kühn, sein Herz ist rein, bald, bald, bald wird er

sein Geist ist kühn, sein Herz ist rein,

un-srer wür-dig sein, bald, bald, bald wird er un-rer wür-dig sein, wür-dig sein, wür-dig sein.

Einundzwanzigster Auftritt.

Tamino (der hereingeführt wird). Vorige.

Sarastro.

Prinz, dein Betragen war bisher männlich und gelassen; nun hast du noch zwei gefährliche Wege zu wandern. — Schlägt dein Herz noch ebenso warm für Pamina, und wünschest du einst als ein weiser Fürst zu regieren, so mögen die Götter dich ferner begleiten. — Deine Hand. — Man bringe Pamina!

(Eine Stille herrscht bei allen Priestern; Pamina wird mit eben diesen Sack, welcher die Eingeweihten bedeckt, hereingeführt; Sarastro löst die Bande am Sacke auf.)

Pamina.

Wo bin ich? — Welch' eine fürchterliche Stille! — Saget, wo

ist mein Jüngling?

Sarastro.

Er wartet deiner, um dir das letzte Lebewohl zu sagen.

Pamina.

Das letzte Lebewohl! — O, wo ist er? — Führt mich zu ihm!

Sarastro.

Hier! —

Tamino!

Tamino!

Zurück!

Pamina.

Tamino.

№ 19. TERZETT.

To - de nicht ent-ge-hen, mir flüstert die - ses Ahn-dung ein.

Der Götter Wil-le mag ge-sche-hen, ihr Wink soll

Der Götter Wil - le mag ge-sche - hen, ihr Wink soll

O liebtest du, wie ich dich lie-be, du würdest nicht so ru - hig sein, du würdest

mir Ge - se - tze sein!

ihm Ge - se-tze sein!

nicht so ru - hig sein.

Glaub' mir, ich füh - le glei-che Triebe, werd' e-wig dein Getreu - er sein, werd' e-wig

Glaub' mir, er füh - let glei-che Trie-be, wird e-wig dein Getreu - er sein, wird e-wig

dein__ Getreu-er sein. Wie bit - ter sind derTrennung Leiden! wie

dein__ Getreu-er sein. Wie bit - ter sind derTrennung Leiden! wie

dein__ Getreu-er sein. Die Stunde schlägtnun müsst ihr scheiden, die Stunde schlägt nun müsst ihr

so musst du fort! Ta - mi-no, le - be wohl! le - be wohl! le - be, le - be, ____

nun muss ich fort! Pa - mi-na, le - be wohl! le - be wohl! le - be, le - be, ____

fort! Nun ei-le fort, dich ruft dein Wort! Nun eile, nun eile,

le - - be wohl! Ach, gold'ne Ru-he, ach, gold'ne Ru-he,

le - - be wohl! Ach, gold'ne Ru-he, ach, gold'ne Ru-he,

nun ei-le fort, dich ruft dein Wort! Die Stunde schlägt, die Stunde schlägt, die Stunde

Zweiundzwanzigster Auftritt.

Papageno.

Papageno (von aussen).

Tamino! Tamino! Willst du mich denn gänzlich verlassen?(Er sucht herein.) Wenn ich nur wenigstens wüsste, wo ich wäre. — Tamino! — Tamino! — So lang' ich lebe, bleib' ich nicht mehr von dir! — Nur diesmal verlass mich armen Reisegefährten nicht! (Er kommt an die Thür, wo Tamino abgeführt worden ist.)

Eine Stimme (ruft):

Zurück! (Dann ein Donnerschlag; das Feuer schlägt zur Thüre heraus; starker Accord.)

Papageno.

Barmherzige Götter! — Wo wend' ich mich hin? Wenn ich nur wüsste, wo ich herein kam! (Er kommt an die Thüre, wo er herein kam.)

Die Stimme.

Zurück! (Donner, Feuer und Accord wie oben.)

Papageno.

Nun kann ich weder vorwärts noch zurück!(Weint)Muss vielleicht am Ende gar verhungern!—Schon recht!—Warum bin ich mitgereist.

Dreiundzwanzigster Auftritt.

Sprecher (mit seiner Pyramide).Voriger.

Sprecher.

Mensch! Du hättest verdient, auf immer in finsteren Klüften der Erde zu wandern;— die gütigen Götter aber entlassen der Strafe dich. — Dafür aber wirst du das himmlische Vergnügen der Eingeweihten nie fühlen.

Papageno.

Je nun, es giebt noch mehr Leute meines Gleichen. — Mir wäre jetzt ein gut Glas Wein das grösste Vergnügen.

Sprecher.

Sonst hast du keinen Wunsch in dieser Welt?

Papageno.

Bis jetzt nicht.

Sprecher.

Man wird dich damit bedienen! — (Ab.)

(Sogleich kommt ein grosser Becher, mit rothem Wein angefüllt, aus der Erde.)

Papageno.

Juchhe! da ist er schon! — (Trinkt.) Herrlich! — Himmlisch! — Göttlich! — Ha! ich bin jetzt so vergnügt, dass ich bis zur Sonne fliegen wollte, wenn ich Flügel hätte. — Ha! — Mir wird ganz wunderlich um's Herz! — Ich möchte — ich wünschte — ja, was denn?

№ 20. ARIE.

Ein Mädchen o-der Weib-chen wünscht Pa-pa-ge-no sich! O,

158

so ein sanf-tes Täub-chen wär' Se-lig-keit für mich, wär' Se-ligkeit für mich, wär' Se-lig-keit für mich!

sein; dann könnt' ich mit Fürsten mich mes-sen, des Le-bens als Weiser mich freu'n,_ und wie im E - li - si - um
Tod'; ach, kann ich denn kei-ner ge - fal - len? Helf' ei - ne mir nur aus der Noth,_ sonst gräm' ich mich wahrlich zu
sund; doch küsst mich ein weib-li - cher Mund, doch küsst mich ein weib-li - cher Mund,_ so bin ich schon wie-der ge-

sein,   im E - li - si - um sein,   im E - li - si - um sein!
Tod',   mich wahr-lich zu Tod',   mich wahr-lich zu Tod'!
sund,   schon wie-der ge-sund,   schon wie-der ge - - sund.

Vierundzwanzigster Auftritt.

Die Alte (tanzend, und auf ihren Stock dabei
sich stützend). Voriger.

Weib.

Da bin ich schon, mein Engel!

Papageno.

Du hast dich meiner erbarmt?

Weib.

Ja, mein Engel!

Papageno.

Das ist ein Glück!

Weib.

Und wenn du mir versprichst, mir ewig
treu zu bleiben, dann sollst du sehen, wie
zärtlich dein Weibchen dich lieben wird.

Papageno.

Ei, du zärtliches Närrchen!

Weib.

O, wie will ich dich umarmen, dich lieb-
kosen, dich an mein Herz drücken!

Papageno.

Auch an's Herz drücken?

Weib.

Komm', reiche mir zum Pfand unsers
Bundes deine Hand!

Papageno.

Nur nicht so hastig, lieber Engel! So
ein Bündniss braucht doch auch seine Ue-
berlegung.

Weib.

Papageno, ich rathe dir, zaud're nicht! —
Deine Hand, oder du bist auf immer hier
eingekerkert.

Papageno.

Eingekerkert?

Weib.

Wasser und Brot wird deine tägliche Kost
sein. — Ohne Freund, ohne Freundin musst du
leben, und der Welt auf immer entsagen.

Papageno.

Wasser trinken?... der Welt entsagen? —
Nein, da will ich doch lieber eine Alte nehmen, als gar keine. — Nun, da hast du meine
Hand mit der Versicherung, dass ich dir immer getreu bleibe, (für sich) so lang' ich keine Schönere sehe.

Weib.

Das schwörst du?

Papageno.

Ja, das schwör' ich!

Weib.

(verwandelt sich in ein junges Weib, welches eben
so gekleidet ist, wie Papageno).

Papageno.

Pa-Pa-Papagena! — (Er will sie umarmen.)

Fünfundzwanzigster Auftritt.

Sprecher (nimmt sie hastig bei der Hand).Vorige.

Sprecher.

Fort mit dir, junges Weib! Er ist deiner
noch nicht würdig! (Er schleppt sie hinein, Papageno will nach.) Zurück sag' ich! oder zittre!

Papageno.

Eh' ich mich zurückziehe, soll die Erde
mich verschlingen. (Er sinkt hinab.) O ihr
Götter!

(Verwandlung.)

Das Theater verwandelt sich in einen kurzen Garten.

Sechsundzwanzigster Auftritt.
Die drei Knaben (fahren herunter).

№ 21. FINALE.

Bald prangt, den Morgen zu ver-künden, die Sonn' auf gold'ner Bahn, bald soll der A-berglaube schwinden, bald

siegt der wei-se Mann. O hol-de Ruhe, steig' her-nieder, kehr' in der Menschen Herzen wieder; dann ist die Erd' ein Himmel-

reich, und Sterb-li-che den Göt-tern gleich, und Sterb-li-che den Göt-tern gleich. Doch seht, Verzweiflung quält Pa-

166

Siebenundzwanzigster Auftritt.

Pamina (halb wahnwitzig, mit einem Dolch in der Hand). Vorige.

PAMINA. (zum Dolch).

Du al-so bist mein Bräuti-gam? Durch dich voll- end' ich meinen Gram!

(bei Seite)

sehn. (Sie gehen bei Seite.)

Welch' dunkle Wor - te sprach sie

sehn.

Welch' dunkle Wor - te sprach sie

sehn.

Vcello.

Welch' dunkle Worte sprach sie

kommt, lasst uns bei Sei-te gehn, da-mit wir, was sie ma-che, sehn, da-mit, da-mit wir, was sie ma-che,

lasst uns bei Sei-te gehn, da-mit wir, was sie ma-che, sehn, da - mit wir, was sie ma-che,

lasst uns bei Sei-te gehn, da-mit wir, was sie ma-che, sehn, da-mit wir, was sie mache, was sie ma-che,

- besgram ver-derben! Mutter, Mutter, durch dich lei-de ich, und dein Fluch verfolget mich!

Mädchen, willst du mit uns

Vcello.

a 2.

Ha, des Jammers Maass ist voll! Falscher Jüngling, le-be wohl! Sieh', Pa-mi - - na stirbt durch

gehn?

Bassi.

Führt mich hin, ich möcht' ihn sehn!

Führt mich hin, ich möcht' ihn

scheut.

Komm, wir wol-len zu ihm gehn,

komm, wir wol-len zu ihm gehn,

Vcello.

Bassi.

Vcello.

sehn, ich möcht' ihn sehn, ich möcht' ihn sehn, ich möcht' ihn sehn! __

Zwei Her-zen, die vor Lie-be brennen,

komm, wir wol-len zu ihm gehn. __

Zwei Her-zen, die vor Lie-be brennen,

Bassi.

sie, die Göt-ter schü-tzen sie, die Göt-ter schü-tzen sie, schü-tzen sie, schü-tzen

die Göt-ter selb-sten schü-tzen sie, die Göt-ter selb-sten schü-tzen sie, schü-tzen sie, schü-tzen

Bassi.

a 2.

a 2.

sie. (Gehen alle ab.) (Verwandlung.)

sie.

sie.

Das Theater verwandelt sich in zwei grosse Berge; in dem einen ist ein Wasserfall, worin man sausen und brausen hört; der and're speit Feuer aus; jeder Berg hat ein durchbrochenes Gegitter, worin man Feuer und Wasser sieht; da, wo das Feuer brennt, muss der Horizont hellroth sein, und wo das Wasser ist, liegt schwarzer Nebel. Die Scenen sind Felsen, jede Scene schliesst sich mit einer eisernen Thüre.

Achtundzwanzigster Auftritt.

Tamino (ist leicht angezogen ohne Sandalen). Zwei schwarz geharnischte Männer führen Tamino herein. Auf ihren Helmen brennt Feuer, sie lesen ihm die transparente Schrift vor, welche auf einer Pyramide geschrieben steht. Diese Pyramide steht in der Mitte ganz in der Höhe, nahe am Gegitter.

ZWEI GEHARNISCHTE MÄNNER. Der, welcher wandert diese Strasse voll Beschwer - den, wird rein durch

*) Choral: „Ach Gott, vom Himmel sieh darein."

Feu - er, Wasser, Luft und Er - den; wenn er des Todes Schrecken ü - berwinden

Feu - er, Wasser, Luft und Er - den; wenn er des Todes Schrecken ü - berwinden

kann, schwingt er sich aus der Erde him - mel - an. Er - leuch - tet

kann, schwingt er sich aus der Erde him - mel - an. Er - leuch - tet

Allegretto.

Allegretto.

PAMINA.

sehn! TAMINO.

Was hör' ich? Pa - mi - nens Stimme? Wohl mir, nun

ZWEI GEHARNISCHTE MÄNNER.

Ja, ja, das ist Pa-mi-nens Stim-me! Wohl dir, nun

Ja, ja, das ist Pa-mi-nens Stim-me! Wohl dir, nun

kann sie mit mir gehn, nun tren-net uns kein Schick-sal mehr, wenn auch der Tod be-schie-den

kann sie mit dir gehn, nun tren-net euch kein Schick-sal mehr, wenn auch der Tod beschie-den

kann sie mit dir gehn, nun tren - - net euch kein Schicksal mehr, wenn auch der Tod be - schie-den

Clar. in B.

Fag.

wär', wenn auch der Tod be-schieden wär'. Ist mir erlaubt, mit ihr zu sprechen? Welch'

wär', wenn auch der Tod be-schieden wär'. Dir ist erlaubt, mit ihr zu sprechen

wär', wenn auch der Tod be-schieden wär'. Dir ist erlaubt, mit ihr zu sprechen.

streu'n, weil Rosen stets bei Dornen sein. Spiel' du die Zau - ber - flö - te an; sie schü - tze

uns auf__ uns' - rer__ Bahn. Es schnitt in ei - ner Zauber-stun - de mein Vater sie aus tiefstem

Grun - de der tau-send-jähr-gen Eiche aus, bei Blitz und Don - - ner, Sturm und Braus. Nun

MARSCH.
Adagio.

Fl.

Cor. in G.

Tr. in C.

Timp. in C. G.

Alto e Ten.

Tromboni.
Bass.

Adagio.

geheul, manchmal auch den Ton eines dumpfen Donners, und Wassergeräusch. Tamino bläst seine Flöte; gedämpfte Pauken accompagniren manch-

Fl.

Ob.

Fag.

Cor.

Tr.

PAMINA.

mal darunter. Sobald sie vom Feuer herauskommen, umarmen sie sich, und bleiben in der Mitte.)   Wir wandelten durch Feuerglu-then, be-
TAMINA.

Wir wandelten durch Feuerglu-then, be-

wieder heraufkommen; sogleich öffnet sich eine Thüre; man sieht einen Eingang in einen Tempel, welcher hell beleuchtet ist. Eine feier-
liche Stille. Dieser Anblick muss den vollkommensten Glanz darstellen. Sogleich fällt der Chor unter Trompeten und Pauken ein. Zuvor

aber Tamino und Pamina.)

Ihr Götter, welch ein Augenblick! Ge-währet ist uns Isis Glück!

Ihr Götter, welch ein Augenblick! Ge-währet ist uns Isis Glück!

ein, in den Tem - pel ein, kommt, kommt, kommt, tre - tet in den Tempel ein, kommt, kommt, kommt,

tretet in den Tem - pel ein, kommt, kommt, tre - tet in den Tempel ein, kommt, kommt,

tretet in den Tem - pel ein, kommt, kommt, tre - tet in den Tempel ein, kommt, kommt,

tre - tet in den Tempel ein, kommt, kommt, tre - tet in den Tempel ein, kommt, kommt,

tre - tet in den Tempel ein!   (Alle ab.)   (Verwandlung.)

tre - tet in den Tempel ein!

tre - tet in den Tempel ein!

tre - tet in den Tempel ein!

Das Theater verwandelt sich wieder in den vorigen Garten.

Neunundzwanzigster Auftritt.

Papageno.

Papa-gena! Papa-gena! Papa-ge-na!

weibchen! Pa-pa-ge-na! lie-bes Täub-chen!'S ist um-sonst, es ist ver-ge-bens! Mü-de

bin ich mei-nes Le-bens! Sterben macht der Lieb' ein End', wenn's im Her-zen noch so brennt.

(nimmt einen Strick von seiner Mitte) Die-sen Baum da will ich zie-ren, mir an ihm den Hals zu-

hänge, noch er-barmen, wohl, so lass'ich's diesmal sein! Rufet nur: ja, oder nein! rufet nur: ja, oder nein!

(sieht sich um)

Keine hört mich; alles stil-le! al-les, al-les stille! Al-so ist es eu-er Wille? Papa-geno, frisch hin-

Andante.

(pfeift)   (sieht sich um, pfeift)   (pfeift)   Andante.

eins,   zwei,   drei!   „Eins!   Zwei!   Drei!" Nun wohl-an, es bleibt da-bei,   nun wohl-

(sieht sich um)   (sieht sich um)
Zwei ist schon vorbei!

an, es bleibt da-bei,   weil mich nichts zu-rü-cke hält;   gute Nacht, du fal-sche Welt,   gute Nacht, du fal-sche

198

din - ge, ich Narr vergass der Zauber - din - ge! (nimmt sein Instrument heraus) Erklinge, Glocken-spiel, er -

klinge! Ich muss mein liebes Mädchen sehn, ich muss mein lie-bes Mädchen sehn!

(Unter diesem Schlagen laufen die drei Knaben zu ihrem Flugwerk und bringen das Weib heraus.)

Allegro.

Dreissigster Auftritt.

Der Mohr, die Königin mit allen ihren Damen, kommen von beiden Versenkungen; sie tragen schwarze Fackeln in der Hand.

Viol. I.

Viol. II.

Viola.

MONOSTATOS.

Vcell. e B.

Nur stille, stille, stille,

Fl.

Ob.

Clar. in B.

Fag.

KÖNIGIN DER NACHT.

Erste u. Zweite Dame.

Nur stille, stil le, stil le, stil le! Bald dringen wir in Tempel ein.

Dritte Dame.

Nur stille, stil le, stil le, stil le! Bald dringen wir in Tempel ein.

MONOSTATOS.

Nur stille, stil le, stil le, stil le! Bald dringen wir in Tempel ein.

stille! Bald dringen wir in Tempel ein.

Doch,

Ob.

Fag.

MONOSTATOS.

Für - stin, hal - - te Wort! Er - fül le... dein Kind muss mei - ne Gat - tin

fürch - ter-lich ist dieses Rauschen, wie fernen Donners Wieder - hall!

fürch - ter-lich ist dieses Rauschen, wie fernen Donners Wieder - hall!

fürch - ter-lich ist dieses Rauschen, wie fernen Donners Wieder - hall!

Bassi.

Nun sind sie   in des Tempels

Dort wol - len   wir   sie ü - - ber - fal - len, dort wollen   wir   sie ü - - ber - fal - len, die Frömmler

Dort wollen wir sie ü - ber - fal - len,   dort wollen wir sie ü - ber - fal - len, die Frömmler

Dort wollen   wir   sie ü - - ber - fal - len, dort wollen   wir   sie ü - - ber - fal - len, die Frömmler

Hallen.   Dort wollen wir sie ü - - ber - fal - len, ü - ber - fal - len, die Frömmler

214

(Man hört den stärksten Accord; Donner, Blitz, Sturm. Sogleich verwandelt sich das ganze Theater in eine Sonne. Sarastro steht erhöht; Tamino, Pamina, beide in priesterlicher Kleidung. Neben ihnen die ägyptischen Priester auf beiden Seiten. Die drei Knaben halten Blumen)

SARASTRO.

Die Strahlen der Sonne vertreiben die Nacht,   zer-nichten der Heuchler er-

Andante.

Andante.

Sopran.
Heil sei euch Ge - weih - ten! Heil sei euch Ge - weih - ten! Ihr dranget durch

Alt.
Heil sei euch Ge - weih - ten! Heil sei euch Ge - weih - ten!

Tenor.
Heil sei euch Ge - weih - ten! Heil sei euch Ge - weih - ten!

SARASTRO. Bass.
schli - -chene Macht. Heil sei euch Ge - weih - ten! Heil sei euch Ge - weih - ten!

Allegro.

Dank, Dank dir I - sis, ge - bracht!

Dank, Dank dir I-sis, ge - bracht!

Dank, Dank dir I-sis, ge - bracht!

Dank, Dank dir I-sis,ge - bracht!

Schön-heit und Weis-heit mit e - wi-ger Kron'. Es sieg-te die Stär - ke,

Schön-heit und Weis-heit mit e - wi-ger Kron'. Es sieg-te die Stär - ke,

Schön-heit und Weis-heit mit e - wi-ger Kron'. Es sieg-te die Stär - ke,

Schön-heit und Weis-heit mit e - wi-ger Kron'. Es sieg-te die Stär - ke,

222

223

e - wi - - ger Kron'. Es sieg - te die Stär - ke,und krö - netzum Lohn die Schön-heit und Weis -heit mit

e - wi - - ger Kron'. Es sieg - te die Stär - ke,und krö - netzum Lohn die Schön-heit und Weis-heit mit

mit e -wiger Kron'. Es sieg - te die Stär - ke,und krö - netzum Lohn die Schön-heit und Weis -heit mit

mit e -wiger Kron'. Es sieg - te die Stär - ke,und krö - netzum Lohn die Schön-heit und Weis -heit mit

e - wi-ger Kron', mit e - -wi - ger Kron', mit e - -wi - ger Kron'.

e - wi-ger Kron', mit e - -wi-ger Kron', mit e - -wi - ger Kron'

e - wi-ger Kron', mit e - -wi - ger Kron', mit e - -wi - ger Kron'.

e - wi-ger Kron', mit e - -wi - ger Kron', mit e - -wi - ger Kron'.

Ende der Oper.

Dover Opera, Choral and Lieder Scores

ELEVEN GREAT CANTATAS, J. S. Bach. Full vocal-instrumental score from Bach-Gesellschaft edition. *Christ lag in Todesbanden, Ich hatte viel Bekümmerniss, Jauchhzet Gott in allen Landen,* eight others. Study score. 350pp. 9 × 12. 23268-9 Pa. **$13.95**

SEVEN GREAT SACRED CANTATAS IN FULL SCORE, Johann Sebastian Bach. Seven favorite sacred cantatas. Printed from a clear, modern engraving and sturdily bound; new literal line-for-line translations. Reliable Bach-Gesellschaft edition. Complete German texts. 256pp. 9 × 12. 24950-6 Pa. **$12.95**

SIX GREAT SECULAR CANTATAS IN FULL SCORE, Johann Sebastian Bach. Bach's nearest approach to comic opera. *Hunting Cantata, Wedding Cantata, Aeolus Appeased, Phoebus and Pan, Coffee Cantata,* and *Peasant Cantata.* 286pp. 9 × 12. 23934-9 Pa. **$11.95**

MASS IN B MINOR IN FULL SCORE, Johann Sebastian Bach. The crowning glory of Bach's lifework in the field of sacred music and a universal statement of Christian faith, reprinted from the authoritative Bach-Gesellschaft edition. Translation of texts. 320pp. 9 × 12. 25992-7 Pa. **$12.95**

GIULIO CESARE IN FULL SCORE, George Frideric Handel. Great Baroque masterpiece reproduced directly from authoritative Deutsche Handelgesellschaft edition. Gorgeous melodies, inspired orchestration. Complete and unabridged. 160pp. 9⅜ × 12¼. 25056-3 Pa. **$9.95**

MESSIAH IN FULL SCORE, George Frideric Handel. An authoritative full-score edition of the oratorio that is the best-known, most beloved, most performed large-scale musical work in the English-speaking world. 240pp. 9 × 12. 26067-4 Pa. **$11.95**

REQUIEM IN FULL SCORE, Wolfgang Amadeus Mozart. Masterpiece of vocal composition, among the most recorded and performed works in the repertoire. Authoritative edition published by Breitkopf & Härtel, Wiesbaden, n.d. 203pp. 8⅜ × 11¼. 25311-2 Pa. **$7.95**

COSI FAN TUTTE IN FULL SCORE, Wolfgang Amadeus Mozart. Scholarly edition of one of Mozart's greatest operas. Da Ponte libretto. Commentary. Preface. Translated frontmatter. 448pp. 9⅜ × 12¼. (Available in U.S. only) 24528-4 Pa. **$17.95**

THE MARRIAGE OF FIGARO: COMPLETE SCORE, Wolfgang A. Mozart. Finest comic opera ever written. Full score, not to be confused with piano renderings. Peters edition. Study score. 448pp. 9⅜ × 12¼. (Available in U.S. only) 23751-6 Pa. **$16.95**

DON GIOVANNI: COMPLETE ORCHESTRAL SCORE, Wolfgang A. Mozart. Full score, not to be confused with piano reductions. All optional numbers, much material not elsewhere. Peters edition. Study score. 468pp. 9⅜ × 12¼. (Available in U.S. only) 23026-0 Pa. **$17.95**

THE ABDUCTION FROM THE SERAGLIO IN FULL SCORE, Wolfgang Amadeus Mozart. Mozart's early comic masterpiece, exactingly reproduced from the authoritative Breitkopf & Härtel edition. 320pp. 9 × 12. **26004-6 Pa. $12.95**

THE MAGIC FLUTE (DIE ZAUBERFLÖTE) IN FULL SCORE, Wolfgang Amadeus Mozart. Authoritative C. F. Peters edition of Mozart's last opera featuring all the spoken dialogue. Translation of German frontmatter. Dramatis personae. List of Numbers. 226pp. 9 × 12. 24783-X Pa. **$10.95**

THE SEASONS IN FULL SCORE, Joseph Haydn. A masterful coda to a prolific career, this brilliant oratorio—Haydn's last major work. Unabridged republication of the work as published by C. F. Peters, Leipzig, n.d. English translation of frontmatter. 320pp. 9 × 12. 25022-9 Pa. **$14.95**

FIDELIO IN FULL SCORE, Ludwig van Beethoven. Beethoven's only opera, complete in one affordable volume, including all spoken German dialogue. Republication of C. F. Peters, Leipzig edition. 272pp. 9 × 12. 24740-6 Pa. **$12.95**

THE BARBER OF SEVILLE IN FULL SCORE, Gioacchino Rossini. One of the greatest comic operas ever written, reproduced here directly from the authoritative score published by Ricordi. 464pp. 8⅜ × 11¼. 26019-4 Pa. **$15.95**

GERMAN REQUIEM IN FULL SCORE, Johannes Brahms. Definitive Breitkopf & Härtel edition of Brahms's greatest vocal work, fully scored for solo voices, mixed chorus and orchestra. 208pp. 9⅜ × 12¼. 25486-0 Pa. **$10.95**

REQUIEM IN FULL SCORE, Giuseppe Verdi. Immensely popular with choral groups and music lovers. Republication of edition published by C. F. Peters, Leipzig, n.d. Study score. 204pp. 9⅜ × 12¼. (Available in U.S. only) 23682-X Pa. **$10.95**

OTELLO IN FULL SCORE, Giuseppe Verdi. The penultimate Verdi opera, his tragic masterpiece. Complete unabridged score from authoritative Ricordi edition, with frontmatter translated. 576pp. 8¼ × 11. 25040-7 Pa. **$18.95**

FALSTAFF, Giuseppe Verdi. Verdi's last great work, first and only comedy. Complete unabridged score from original Ricordi edition. 480pp. 8⅜ × 11¼. 24017-7 Pa. **$17.95**

AÏDA IN FULL SCORE, Giuseppe Verdi. Verdi's most popular opera in an authoritative edition from G. Ricordi of Milan. 448pp. 9 × 12. 26172-7 Pa. **$17.95**

LA BOHÈME IN FULL SCORE, Giacomo Puccini. Authoritative Italian edition of one of the world's most beloved operas. English translations of list of characters and instruments. 416pp. 8⅜ × 11¼. 25477-1 Pa. **$16.95**

DER FREISCHÜTZ, Carl Maria von Weber. Full orchestral score to first Romantic opera, path-breaker for later developments, Wagner. Still very popular. Study score, including full spoken text. 203pp. 9 × 12. 23449-5 Pa. **$10.95**

CARMEN IN FULL SCORE, Georges Bizet. Complete, authoritative score of what is perhaps the world's most popular opera, in the version most commonly performed today, with recitatives by Ernest Guiraud. 574pp. 9 × 12. 25820-3 Pa. **$19.95**

DAS RHEINGOLD IN FULL SCORE, Richard Wagner. Complete score, clearly reproduced from authoritative B. Schott's edition. New translation of German frontmatter. 328pp. 9 × 12. 24925-5 Pa. **$13.95**

DIE WALKÜRE, Richard Wagner. Complete orchestral score of the most popular of the operas in the Ring Cycle. Reprint of the edition published in Leipzig by C. F. Peters, ca. 1910. Study score. 710pp. 8⅜ × 11¼. 23566-1 Pa. **$23.95**

SIEGFRIED IN FULL SCORE, Richard Wagner. *Siegfried,* third opera of Wagner's famous *Ring,* is reproduced from first edition (1876). 439pp. 9⅜ × 12¼. 24456-3 Pa. **$16.95**

GÖTTERDÄMMERUNG, Richard Wagner. Full operatic score available in U.S. for the first time. Reprinted directly from rare 1877 first edition. 615pp. 9⅜ × 12¼. 24250-1 Pa. **$22.95**

DIE MEISTERSINGER VON NÜRNBERG, Richard Wagner. Landmark in history of opera in complete vocal and orchestral score. Do not confuse with piano reduction. Peters, Leipzig edition. Study score. 823pp. 8⅛ × 11. 23276-X Pa. **$28.95**

*Available from your music dealer or write for **free** Music Catalog to Dover Publications, Inc., Dept. MUBI, 31 East 2nd Street, Mineola, N.Y. 11501.*